图书情报与档案管理博士文库

基于深度学习的
用户问答查询推荐

丁　恒　著

国家图书馆出版社

图书在版编目（CIP）数据

基于深度学习的用户问答查询推荐 / 丁恒著 . — 北京：
国家图书馆出版社，2020.11

（图书情报与档案管理博士文库）

ISBN 978-7-5013-6992-8

Ⅰ . ①基… Ⅱ . ①丁… Ⅲ . ①机器学习—应用—关键词索引
Ⅳ . ① G254.92-39

中国版本图书馆 CIP 数据核字（2020）第 059252 号

书　　　名	基于深度学习的用户问答查询推荐	
著　　　者	丁　恒	
责任编辑	高　爽	
封面设计	翁　涌	

出版发行　国家图书馆出版社（北京市西城区文津街 7 号　100034）
　　　　　（原书目文献出版社　北京图书馆出版社）
　　　　　010-66114536　63802249　nlcpress@nlc.cn（邮购）
网　　址　http://www.nlcpress.com
排　　版　九章文化
印　　装　河北鲁汇荣彩印刷有限公司
版次印次　2020 年 11 月第 1 版　2020 年 11 月第 1 次印刷

开　　本　710×1000（毫米）　1/16
印　　张　7
字　　数　107 千字

书　　号　ISBN 978-7-5013-6992-8
定　　价　50.00 元

丛书编委会

以得到最大限度的发挥。为了集中反映我国图书情报与档案管理学科博士学位获得者取得的科研成果,中国图书馆学会编译出版委员会和国家图书馆出版社策划出版了《图书情报与档案管理博士文库》(以下简称"文库"),这是一件令人十分高兴的好事情。

收入"文库"的博士学位论文,是经文库编辑委员会推荐并严格审查,从已通过学位论文答辩并获得博士学位者的论文中推选出来的,在论文出版时作者做了修订增补工作,使之更臻完善。收入"文库"的博士学位论文的推选标准是:论文选题为学科前沿,具有开创性和重大的理论价值或现实意义;论文理论方向正确,有独到见解或方法上的创新;论文体现博士研究生良好的学风、文风,材料数据翔实,结构合理,逻辑严密,写作规范。每篇博士学位论文都是博士研究生们多年学习与研究的成果,反映了他们对图书馆学、情报学和档案学研究的科学贡献,从中我们也可以看到博士生指导教师学术思想的影子。因此,我们可以说,它们是图书情报与档案管理研究领域非常有价值的财富。

"文库"的出版,可以使博士研究生的科研成果在社会上得到较为广泛的传播,从而扩大图书情报与档案管理的学科影响;同时,可以对导师如何指导论文起到借鉴作用,也可以成为在读博士研究生撰写论文的范本。因而,出版《图书情报与档案管理博士文库》这一举措必将有力地推动我国图书情报与档案管理学术研究的发展与创新。

《图书情报与档案管理博士文库》在组织编辑出版过程中,得到了各博士生培养单位及有关专家的热情支持,也得到了博士生导师和博士研究生们的热情支持,谨此表示感谢,并希望今后继续得到各方面的支持和帮助,使更多的优秀博士论文入编"文库"。提高图书情报与档案管理学科博士生培养质量是一项复杂的系统工程,需要博士生、导师、培养单位及其他相关各方的共同努力,博士生自身的努力尤其重要。让我们共同努力,为繁荣我国的图书情报与档案管理研究做出贡献。

北京大学哲学社会科学资深教授　吴慰慈

2020年9月

总序一

博士，是我国学位结构中的最高层次，博士水平是一个国家高等教育水平的重要标志。高水平研究生教育是世界一流大学和一流学科的主要特征。随着我国高校"双一流"建设的推进，高等院校必须突出人才培养的主体地位，把建设一流的研究生教育体系放在重要位置。

20世纪90年代以来，我国图书情报与档案管理的博士研究生教育质量稳步提升，取得了令人瞩目的成绩。目前，我国已有图书情报与档案管理一级学科博士学位授权点12个，为教学、科研部门和信息机构输送了一批又一批高层次人才。随着国内高校"双一流"建设迅猛发展，研究生教育尤其是博士研究生教育作为科技第一生产力、人才第一资源、创新第一动力的重要结合点，在各项事业的发展中具有不可替代的作用。研究生教育作为国民教育的顶端和国家创新体系的生力军，是高层次拔尖创新型人才的主要来源和科学研究潜力的主要标志。

博士研究生的培养主要是在导师指导下进行科学研究，撰写博士学位论文。对于博士研究生来讲，完成博士学位论文是获得博士学位必不可少的环节。一个学科领域的博士论文可以在相当程度上反映该领域的新思想、新方法、新技术及其未来趋势。博士论文的选题与本领域当前的理论和实际问题密切相关，有的还是某一科研项目的重要组成部分，反映了学科领域的发展现状与水平，对整个学科学术水平的提高有着不可忽视的作用。

近年来毕业的图书情报与档案管理博士研究生在众多的研究专题上取得了不少重要的研究成果，其中有些还改编为专著由不同的出版社出版。但由于较为分散，未能引起人们的充分注意，这些成果的社会作用也就难

总序二

　　中国图书馆学会编译出版委员会与国家图书馆出版社合作，计划连续出版《图书情报与档案管理博士文库》，每年从全国图书情报与档案管理学科的博士学位论文中，经推荐和评审，择优以专著形式出版若干篇博士论文。这对我国图书情报与档案管理学科的博士生培养和学科发展是很有意义的事。

　　研究生教育尤其是博士研究生教育作为科技第一生产力、人才第一资源、创新第一动力的重要结合点，在各项事业的发展中具有不可替代的作用。博士研究生教育作为国民教育的顶端和国家创新体系的生力军，是高层次拔尖创新型人才的主要来源和科学研究潜力的主要标志。30多年来，我国的图书情报与档案管理学科博士研究生教育有了长足的发展，形成了完整的培养体系。图书情报与档案管理一级学科博士学位授权点已超过十个，每年招收博士研究生百余名，为相关领域的学界和业界输送了数量和质量可观的高层次人才。

　　博士研究生在导师的指导下进行研究性和创新性学习，受到严格的学术训练和浓厚学术氛围的熏陶，完成学业有很高的要求。根据我国博士研究生培养条例的相关规定，要求博士研究生通过博士阶段学习，掌握本学科领域坚实宽广的基础理论和系统深入的专门知识，具有广博的相关学科知识，具备独立从事创新性科学研究的能力。有关研究表明，学者的学术生涯可以分为几个阶段，无论从年龄结构还是从学术积累的角度看，攻读博士学位期间无疑都是最为重要的学习、研究和创新阶段。许多重要的学术成果甚至诺贝尔奖成果都是在攻读博士学位阶段奠定的基础或直接取得的成果。博士研究生在攻读博士学位期间，要求选择学科的前沿问题或重要问题，进行多年的潜心研究，作为其研究成果集中体现的博士学位论文一般都包括本学科及相关学科领域的新问题、新知识、新观点、新思想、新理论和新方法，具有较高的学术水平和学术价值，是当前汗牛充栋的各类书籍中，较为优秀的学术著作，更是博士研究生群体可以直接参阅、借鉴并得益的范本，值得出版和推荐。

我们图书情报与档案管理学科每年产生数以百计的博士学位论文，基本能够反映本学科发展的前沿和趋势。虽然《图书情报与档案管理博士文库》只能出版其中的百分之几，但因为是优中选优，精益求精，更具有学术价值和学术效益。所以《图书情报与档案管理博士文库》的连续出版，既能为本学科积累一种有代表性的学术资源，又能对学科新人的成长有所激励和助益，从而能够促进整个学科的发展。

《图书情报与档案管理博士文库》的收录范围是整个图书情报与档案管理一级学科。我期盼通过"博士文库"这一遴选机制，不断推出图书情报与档案管理领域青年学者的精品力作。

> 武汉大学人文社会科学资深教授
> 武汉大学信息管理学院教授
> 2020年9月

序　一

　　查询推荐技术已经成为信息检索的基础技术之一，它广泛应用于网页搜索、商品搜索、问答搜索等互联网服务中，成为用户获得信息的重要途径之一。通过查询推荐，用户可以更准确、更快捷地描述查询意图，从而获得更好的体验。

　　一直以来，查询推荐的研究主要集中在通用信息检索场景，而较少关注社会化问答平台场景下的用户信息行为和信息需求的特殊性。传统查询推荐研究主要解决"根据用户键入的查询词，构造一组相关的查询词，并以下拉列表的形式提供给用户"的问题，而社区问答场景下，用户键入查询时往往表达的是脑海中的一个提问，更希望系统为其返回一组相关的自然语言问句。这就自然地引出了用户问答查询推荐这一研究问题，即"根据用户输入关键词，为用户推荐自然语言问句列表"。通过理解用户的关键词提问意图，揣测用户期望表达的自然语言问句，从而帮助用户更清晰地描述自身的问答需求，并最终提高用户的满意度。

　　本书以用户问答查询推荐这一新的研究课题为主线，结合当前流行的深度学习技术，从合成数据生成、基于搜索的路径、基于生成的路径和推荐结果多样化四个方面展开了深入的探讨。在合成数据生成中，一种基于少量标注数据的大规模训练数据生成方法被应用于解决数据缺失问题；在基于搜索的路径中，用户问答查询推荐被视为一个信息检索问题；在基于生成的路径中，用户问答查询推荐则被转换成一个语言生成问题；在推荐结果多样化中，多样化算法被引入用户问答查询推荐研究，从而提高推荐自然语言问句列表的多样性。

　　因此，本书不仅仅是丁恒对其博士学位论文中精华的整理，同时还为

1

我们揭示了一个新的、有趣的、有挑战性又具有可行性的研究课题，即以图书情报学和计算机科学为基础，融合信息检索、自然语言处理和深度学习的用户问答查询推荐。信息检索、自然语言处理是两个相对成熟的研究领域，数十年以来已经积累了很多成熟的研究成果和理论。而深度学习虽然是一个新兴且快速发展的技术，但已在方方面面取得了重大的突破。丰富的用户信息搜索场景，以及不断发展的信息检索、自然语言处理和深度学习技术，使得将独特场景下用户的信息行为与查询推荐技术有机地结合成为可能，为我们展现出未来巨大的研究空间。

武汉大学信息管理学院院长

2020 年 7 月于武汉珞珈山

序 二

查询推荐技术是搜索引擎的重要组成部分，是提升搜索引擎用户体验的核心技术之一。很多时候用户正是因为不熟悉要检索的话题，才使用搜索引擎进行检索，这使得用户陷入无法精确描述检索需求的困境。查询推荐技术通过交互式的方式，有效地解决了这一问题。

近年来，社会化问答平台已经成为用户获取知识的重要渠道，如何构建针对社会化问答平台的查询推荐技术是一个具有重要现实意义的科学问题。我院优秀青年教师丁恒博士的著作《基于深度学习的用户问答查询推荐》，围绕社会化问答平台下的查询推荐技术即用户问答查询推荐展开研究，从查询推荐的相关性、多样性等不同视角，详细描述了相关模型、算法以及数据处理的方法，是一本极具参考价值的专著。

本书循序渐进、用例丰富，且内容新颖全面，涉及用户问答查询推荐研究的起源、挑战和路径、合成数据生成方法、基于搜索的用户问答查询推荐、基于生成的用户问答查询推荐、用户问答查询推荐结果多样化等。本书适合信息检索的高年级本科生、硕士生和博士生阅读，也适合相关研究和应用技术人员参考。

华中师范大学信息管理学院院长 李玉海

2020年10月于武汉桂子山

1

目　录

1 用户问答查询推荐研究：起源、挑战和路径

1.1 用户问答查询推荐是什么

社会化问答平台（如知乎、百度知道等）依靠用户的自发性提问和回答行为积累了大量有价值的内容，逐渐成了互联网时代用户分享和获取知识的重要渠道。这种大规模、无序化的信息生产模式加大了用户查找所需信息的难度，为了更好地帮助用户获取所需信息，许多社会化问答平台都采用信息检索技术来构建问答搜索引擎、提供内容搜索服务。抽象来看，问答平台中的搜索流程主要包含"用户表达信息需求"和"搜索引擎回应用户需求"两大环节，前者涉及用户是否能够清晰地描述自身的信息需求，后者与搜索引擎是否能够有效地理解用户需求表达相关。在实际搜索情景中，用户可能会因为各种原因无法构造合适的查询词来清晰地表达提问需求，比如"用户为图方便，倾向于输入少量的词汇而非结构完整的语句"，又或者"用户受限于语言水平，不知道如何使用完整的、准确的问句表达提问需求"。根据德罗尔（Dror）等人[①]对雅虎知道（Yahoo Answers）查询日志的统计可知，超过25%的用户直接使用关键词编辑他们的提问问题。为了帮助用户更准确、更快捷地描述查询意图，查询推荐成了信息检索领域重要的研究问题之一。

查询推荐是一种"根据用户在搜索栏中键入的原始查询Q，发现或构造一组相关查询{Q_1, Q_2, ..., Q_m}，并通过搜索框下拉列表提供给用户，帮

---

① DROR G, MAAREK Y, MEJER A, et al. From query to question in one click：suggesting synthetic questions to searchers[C]//Proceedings of the 22nd international conference on world wide web. New York：ACM,2013：391-402.

1

助用户更准确、更快捷地描述自己的查询意图，增加用户和搜索引擎再次交互的可能"①的技术。对于传统搜索引擎而言，查询Q与相关查询{Q₁, Q₂, …, Qₘ}都是关键词或关键词的组合。然而，当社会化问答平台的用户键入查询时，往往希望表达某个存在于其脑海中的问题。因此，社会化问答平台的搜索引擎需要为用户推荐一组相关的提问，即{Q₁, Q₂, …, Qₘ}是自然语言问句。为了区别于传统的查询推荐技术，本书将这种"根据用户输入关键词查询，为用户推荐自然语言问句列表"的技术称为用户问答查询推荐。注意，查询推荐关键在于衡量查询之间的语义关联关系，而用户问答查询推荐则更加复杂，不仅是包括关键词查询与自然语言问句之间的提问意图计算问题，还涉及语言生成问题。

图1-1展示了用户问答查询推荐的应用情景。首先，用户输入某个关键词查询"印度第十任总统"（10th president India），此时用户问答查询推荐系统在理解潜在提问意图的基础上，猜测用户可能想要输入的完整自然语言问句是"谁是印度的第十任总统？"（Who is the 10th president of India？），或者是更为特殊的提问，如"印度第十任总统是哪一年卸任的？"（In which year the 10th president of India left office？）、"人们如何评价印度第十任总统？"（What do people say about the 10th president of India？）、"印度第十任总统是什么时候去世的？"（When did the 10th president of India died？），并且将这些自然语言问句展示给用户。

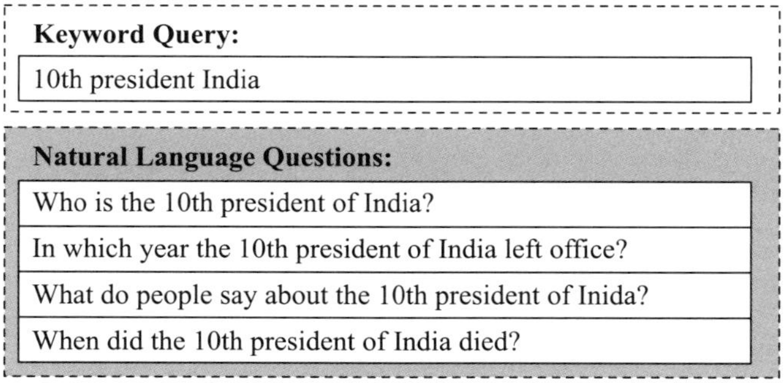

Keyword Query:

10th president India

Natural Language Questions:

Who is the 10th president of India?

In which year the 10th president of India left office?

What do people say about the 10th president of Inida?

When did the 10th president of India died?

图1-1　用户问答查询推荐示意图

① 罗成,刘奕群,张敏,等. 基于用户意图识别的查询推荐研究[J]. 中文信息学报, 2014,28（1）:64-72.

1.2 解决路径与挑战

1.2.1 基于搜索的路径

知乎、百度知道、维基知道（WikiAnswers）等互联网问答社区平台中保存了大量的用户提问及答案，从这些现存的自然语言问句语料中搜索与用户关键词相关的自然语言问句并推荐给用户，被认为是一种实现用户问答查询推荐的方式[①]，即基于搜索的路径。该路径下的核心问题是"如何构建关键词问句搜索排序算法"。一种很自然的想法是直接将现有的信息检索技术和方法（包括传统的基于词频的信息检索模型、问句搜索模型）应用在用户问答查询推荐上。然而，值得注意的是，相较于一般的文本检索任务，基于搜索的用户问答查询推荐存在如下几大挑战：

（1）在基于搜索的用户问答查询推荐中，查询（关键词）和文档（自然语言问句）都是极其短小的文本片段。因此，传统的基于词频的信息检索模型无法有效衡量查询（用户关键词查询）与文档（自然语言问句）之间的语义相似性。

（2）目前，大多数问句搜索（question retrieval）研究成果[②]的应用场

① WU H, WU W, ZHOU M, et al. Improving search relevance for short queries in community question answering[C]// ACM international conference on web search and data mining. New York：ACM,2014：43-52.

② 邓瑞丰. 搜索引擎针对自然语言疑问句的优化检索研究[D]. 北京：北京师范大学,2005；李吉月. 中文社区问答系统中问题检索技术研究[D]. 北京：北京理工大学,2016；XUE X, JEON J, CROFT W B. Retrieval models for question and answer archives[C]// Proceedings of the 31st Annual International ACM SIGIR conference on research and development in information retrieval. New York：ACM,2008：475-482；CAO X, CONG G, CUI B, et al. The use of categorization information in language models for question retrieval[C]// ACM conference on information & knowledge management. New York：ACM,2009：265-274；ZHOU G, CAI L, ZHAO J, et al. Phrase-based translation model for question retrieval in community question answer archives[C]//Proceedings of the 49th annual meeting of the association for computational linguistics：human language technologies. Volume 1. Stroudsburg：Association for Computational Linguistics,2011：653-662.

景是"用户输入某个自然语言问句，从问句语料中查找与其相似或者相关的其他问句"。而在基于搜索的用户问答查询推荐中，用户输入的是查询意图更加模糊的关键词。此外，由于关键词查询往往不存在完备的句法结构，这使得严重依赖句法结构特征的问句搜索方法无法有效地作用于基于搜索的用户问答查询推荐上。

（3）用户问答查询推荐与基于关键词的问句搜索存在一定的差异。例如，关于关键词查询"警用扫描仪"（police scanner）、自然语言问句"我如何选择警用扫描仪？"（How do I choose a police scanner？）和"我怎么才能在俄亥俄州找到警用扫描仪频率？"（How would I find police scanner frequencies in Ohio？），从基于关键词的问句搜索任务场景来看，这些自然语言问句与关键词查询都是相关的，可以被认为是相关性同等的系统回应（推荐问句）。然而，在用户问答查询推荐任务场景下，前一句的完备语义表达只需在关键词查询中增加词语"选择"（choose），而想要明确、完整地表达后一句的语义，则需要在关键词查询中增加两个限定条件"频率"（frequencies）和"在俄亥俄州"（in Ohio）。因此，在用户问答查询推荐中，前一句相较于后一句，更适合作为关键词查询"警用扫描仪"（police scanner）的候选推荐问句，即这些自然语言问句不能被认为是同等重要的系统回应（推荐问句）。如何在构建排序模型时考虑上述问题，也是用户问答查询推荐的一大挑战。

1.2.2 基于生成的路径

自然语言问句语料难以完全覆盖所有潜在的用户提问，导致了基于搜索的路径在某些时候的必然失效。例如，图1-2展示了谷歌"人们也会问"（People Also Ask）服务案例，当用户在搜索栏中键入关键词查询"1987年电影票均价"（average price movie ticket 1987）时，谷歌从其索引的海量网页中，为用户推荐了一些自然语言问句。然而，这些自然语言问句都不能精确反映用户的提问意图"1987年电影票均价是多少？"（What is the average price of movie ticket in 1987？）。这很可能是因为"在谷歌爬取和保存的网页或者问答社区数据中，不存在提问意图与查询完全相同的自然语言问句"。

图1-2 谷歌"人们也会问"（People Also Ask）服务示例图

为了摆脱问句语料库的限制，研究人员提出了一系列基于语言生成的用户问答查询推荐方法[1][2][3]，即基于生成的路径。该路径的基本思想是将用户问答查询推荐问题转化为从关键词查询到自然语言问句的生成过程，其能够"在用户给定关键词输入的条件下，通过某种语言生成模型，自动为用户生成语料库中未存在的相关问句，并推荐给用户"。此路径下的核心问题是"如何构建适用于用户问答查询推荐的语言生成模型"。一种很自然的想法是将现有的语言生成技术应用在用户问答查询推荐上。但是，与基于搜索的路径一样，基于生成的路径同样存在一些亟待解决的难题：

（1）传统的基于模板的问句生成方法具有天然的局限性，无法适用于复杂的问句生成情境。这类方法主要通过模板填充的方式生成问句，一方面造成其严重依赖模板库的大小，另一方面很容易生成一些无法理解的

① DROR G, MAAREK Y, MEJER A, et al. From query to question in one click：suggesting synthetic questions to searchers[C]//Proceedings of the 22nd international conference on world wide web. New York：ACM, 2013：391−402.

② KOTOV A, ZHAI C X. Towards natural question guided search[C]//Proceedings of the 19th international conference on world wide web. New York：ACM, 2010：541−550.

③ ZHENG Z, SI X, CHANG E Y, et al. K2Q：generating natural language questions from keywords with user refinements[C]//Proceedings of 5th international joint conference on natural language processing. Chiang Mai：Asian Federation of National Language Processing, 2011：947−955.

问句。例如，使用Zhao等人①所述模板问句生成方法，能够产生"在昆山怎么买世博会学生门票？"（"How can I buy student tickets of World Expo in Kunshan？"）这样不合情理的自然语言问句。

（2）基于深度学习的问句生成研究刚刚兴起，尚处于初级阶段。目前，仅有少量研究初步探讨了如何为连续的文本片段生成自然语言问句②③。连续的文本片段（如popular of Jobs in England）显性地表达了词语之间的关联信息，使得神经网络模型能够更加容易揣测其背后的提问意图。然而，在基于生成的用户问答查询推荐中，用户的关键词输入可能是离散的多个词语的组合（如popular Jobs England）。词语之间关联信息（如popular-of-Jobs，Jobs-in-England）的缺失，使得其提问意图更加模糊，增加了基于生成的用户问答查询推荐研究的复杂性。

1.2.3 推荐结果多样化

基于搜索和基于生成的路径解决了如何针对用户关键词查询推荐提问意图相关的候选自然语言问句的难题。但是，在用户问答查询推荐实际应用场景中，用户不仅希望获取相关候选问句，而且更愿意看到多个提问意图不同的自然语言问句。图1-3说明了这一现象，对于关键词查询"警方扫描仪"（police scanner），用户问答查询推荐系统若返回2个提问意图完全相同的自然语言问句"在哪里可以买到便宜的警用扫描仪？"（Where to get an inexpensive police scanner？）和"在哪里可以买到便宜的警用扫描仪？"（Where can I buy a cheap police scanner？），那么必然将影响用户的使用体

① ZHAO S, WANG H, Li C, et al. Automatically generating questions from queries for community-based question answering[C]//Proceedings of 5th international joint conference on natural language processing. Chiang Mai：Asian Federation of Natural Language Processing，2011：929-937.

② DU X, SHAO J, CARDIE C. Learning to ask：neural question generation for reading comprehension[EB/OL]. [2020-03-20]. https://arxiv.org/pdf/1705.00106.pdf.

③ ZHOU Q, YANG N, WEI F, et al. Neural question generation from text：a preliminary study[C] // National CCF conference on natural language processing and Chinese computing. Berlin：Springer，2017:662-671.

验。在实际环境中，用户不希望推荐的自然语言问句中存在这样的冗余。

police scanner	Search
Does anyone know about police scanners?	✓
Where to get an inexpensive police scanner?	✓
How do I choose a police scanner?	✓
How would I find police scanner frequencies in Ohio?	✓
Where can I buy a cheap police scanner?	✗

图1-3　用户问答查询推荐结果多样化示意图

虽然在信息检索领域关于检索结果多样化的研究已经不少①，但是其中很多方法都是针对检索对象为长文本文档的情况。当检索对象为长文本文档时，由于文档包含很多词汇，能够覆盖很多子主题，因此一些基于子主题的多样化算法②③能够较为有效地提升结果多样化性能。而用户问答查

① 张震宇,丁恒,王瑞雪,等. 基于标签语义距离的图像多样化检索[J]. 数字图书馆论坛,2017(2):34-39;陈飞,刘奕群,张敏,等. 基于查询子主题分类的多样性搜索评价方法[J]. 软件学报,2015,26(12):3130-3139;刘兴林.信息检索多样化排序算法研究综述[J].中国科技信息,2014(16):33-35; SANTOS R L T, MACDONALD C, OUNIS I. Exploiting query reformulations for web search result diversification[C]//Proceedings of the 19th international conference on world wide web. New York：ACM,2010:881-890; RADLINSKI F, DUMAIS S. Improving personalized web search using result diversification[C]//Proceedings of the 29th annual international ACM SIGIR conference on research and development in information retrieval. New York：ACM,2006:691-692; SANTOS R L T, MACDONALD C, OUNIS I. Intent-aware search result diversification[C]//Proceedings of the 34th international ACM SIGIR conference on research and development in information retrieval. New York：ACM,2011:595-604.

② SANTOS R L T, PENG J, MACDONALD C, et al. Explicit search result diversification through sub-queries[C]//European Conference on information retrieval. Berlin：Springer,2010:87-99.

③ ZHENG W, WANG X, FANG H, et al. An exploration of pattern-based subtopic modeling for search result diversification[C]//Proceedings of the 11th annual international ACM/IEEE joint conference on digital libraries. New York：ACM,2011:387-388.

询推荐中，目标对象是简短的自然语言问句，其包含的子主题数量极其有限，且表达的提问意图非常单一。如何针对自然语言问句，提出相应的推荐结果多样化算法，是用户问答查询推荐研究需要面对的另一挑战。

1.2.4 数据缺失问题

无论是基于搜索的用户问答查询推荐，还是基于生成的用户问答查询推荐，都离不开大量的查询问句数据对（query-question pairs）的支撑。目前，获取这种数据的方式主要有"日志挖掘"和"手工标注"两种。

（1）日志挖掘，即从商业社会化问答平台搜索引擎日志中挖掘大量查询问句数据对[①]。然而，受限于商业数据保护和用户隐私数据保护原则，目前尚未有社会化问答平台愿意公开分享如此大规模的搜索日志数据。

（2）手工标注，即通过人工判断关键词与自然语言问句的提问意图相关性，获得大量数据。虽然通过众包方法能够快速地收集大量的查询问句数据对，但是众包标注的质量控制也是个亟待解决的研究问题。

因此，如何解决研究中面临的数据缺失问题，也是用户问答查询推荐研究的一大难题。

1.3 深度学习时代的用户问答查询推荐研究

在这个信息爆炸的时代，社会化平台已经成为用户分享和获取知识的主要渠道。传统查询推荐技术仅能够为用户提供一系列相关查询词，而不能满足用户期望表达脑海中自然语言问句的需求。针对问答场景下用户信息行为和需求的特点，探索有效的用户问答查询推荐模型，为用户关键词查询推荐与其提问意图相关的自然语言问句列表，将会帮助用户更准确、

---

① DROR G，MAAREK Y，MEJER A，et al. From query to question in one click：suggesting synthetic questions to searchers[C]//Proceedings of the 22nd international conference on world wide web. New York：ACM，2013：391−402.

更快捷地描述查询意图，提升问答平台搜索引擎的可用性及用户满意度。

用户问答查询推荐是一个相对较新的研究方向，目前研究成果相对稀少，国内外研究尚处于起步阶段，直接相关研究成果不多，间接相关研究成果较为分散，还未形成完整的体系，用户问答查询推荐的技术路径尚不明晰。因此，用户问答查询推荐有许多待探索的问题，具有较广阔的研究空间。一些早期的研究表明，传统的信息检索模型、自然语言处理技术和机器学习算法并不能很好地应用于用户问答查询推荐场景。但是，近年来，深度学习技术的发展，尤其是神经排序模型和神经翻译模型的研究进展，为用户问答查询推荐这一研究注入了新的思想和方法。

相对于传统基于小数据的信息检索、自然语言处理和机器学习方法，基于大量数据的深度学习技术能够更有效地表征用户查询词的语义内涵，从更深的语义层次理解用户的提问意图，从而为用户关键词查询推荐可能的自然语言问句。有鉴于此，本书吸收了大量分散于文本检索、自动问答、机器翻译、阅读理解等任务场景下的神经检索模型、神经翻译模型和神经语言模型的研究思想，提出了基于深度学习的用户问答查询推荐研究的两条技术路径，是深度学习技术在用户问答查询推荐研究领域的一次深度实践。

此外，深度学习技术虽然为用户问答查询推荐研究提供了更多的可能性，同时也带来新的问题和挑战。深度学习技术在任何任务场景下的应用，都离不开海量的、高质量的训练数据。然而，由于用户问答查询推荐本身就是一个较新的研究，仅有少量的标注数据可公开获取，这使得基于深度学习的用户问答查询推荐研究更难以展开。受弱监督学习研究的启发，本书中介绍了一种面向用户问答查询推荐的合成数据生成方法，其能够在少量的标注数据基础上，自动地生成大规模、高质量且适用于神经网络模型训练的数据样本。这一研究成果对其他缺乏数据的信息检索、自然语言处理任务也具有重要的参考价值。

2　合成数据生成方法

2.1　概述

深度学习的发展为很多问题提供了新的解决方案，然而与传统的机器学习相比，训练深度学习模型需要更多的标注数据。基于深度学习的用户问答查询推荐研究与其他基于深度学习的任务类似，都面临着数据缺失的困境。近年来，合成数据[1]和弱监督学习[2]在深度学习中被广泛应用，尤其是在计算机视觉等领域取得令人瞩目的成功[3][4]。尽管合成数据并不完美，但是现有的合成数据相关研究表明，深度神经网络具有从包含噪声的大规模数据集中学习有效规则的能力。在这一章，我们探讨如何为基于深度学习的用户问答查询推荐自动生成训练数据（合成数据），从而解决基于深度学习的用户问答查询推存研究中的数据缺失问题。

在用户问答查询推荐研究中，训练有监督深度神经网络模型需要大量自然语言问句和其对应的关键词查询。其中自然语言问句可以通过网络爬虫从雅虎知道（Yahoo Answer）、维基知道（WikiAnswers）和百度知道等

---

①　ZHANG X, FU Y, ZANG A, et al. Learning classifiers from synthetic data using a multichannel autoencoder[EB/OL]. [2019-10-20]. https://arxiv.org/pdf/1503.03163.pdf.

②　ZHOU Z H. A brief introduction to weakly supervised learning[J]. National science review, 2017, 5（1）: 44-53.

③　HANDA A, PATRAUCEAN V, BADRINARAYANAN V, et al. Understanding real world indoor scenes with synthetic data[EB/OL]. [2019-10-20]. https://arxiv.org/pdf/1511.07041.pdf.

④　ROS G, SELLART L, MATERZYNSKA J, et al. The synthia dataset: a large collection of synthetic images for semantic segmentation of urban scenes[C]//Proceedings of the IEEE conference on computer vision and pattern recognition. San Francisco: IEEE, 2016: 3234-3243.

问答社区网站中抓取。如果能够通过某种方法，为自然语言问句自动生成提问意图相关的关键词查询，那么就可以获得足够的查询问句数据对，并用于训练面向用户问答查询推荐的深度神经网络模型。因此，形式上可以将合成数据生成定义为：构建数学模型 g，使得在给定自然语言问句 q 的条件下，自动生成提问意图相关的关键词查询 k：

$$g(q) \rightarrow k \qquad （公式2-1）$$

2.2 关键词查询生成

合成数据生成可以看作是一种已知条目搜索（know-item search）行为[1][2]，即用户曾在某问答网站中浏览过某一问题"谁是印度的第十任总统？"（Who is the 10th president of India？），一段时间后用户试图再次浏览该问题的答案，于是其通过关键词"印度第十任总统"（10th president India）进行问句搜索。在信息检索研究中，为文档（如网页、微博等）生成伪查询已被应用于训练和评价已知条目搜索（know-item search）算法[3]。

---

[1] OGILVIE P, CALLAN J, CALLAN J. Combining document representations for knownitem search[C]//Proceedings of the 26th annual international ACM SIGIR conference on research and development in information retrieval. New York：ACM, 2003：143-150.

[2] LEE J H, RENEAR A, SMITH L C. Known-item search：variations on a concept[J]. Proceedings of the American society for information science and technology, 2006, 43（1）：1-17.

[3] AZZOPARDI L, DE RIJKE M. Automatic construction of known-item finding test beds[C]//International ACM SIGIR conference on research and development in information retrieval. New York：ACM, 2006：603-604；AZZOPARDI L, DE RIJKE M, BALOG K. Building simulated queries for known-item topics：an analysis using six european languages[C]//Proceedings of the 30th annual international ACM SIGIR conference on research and development in information retrieval. New York：ACM, 2007：455-462；BERENDSEN R, TSAGKIAS M, DE RIJKE M, et al. Generating pseudo test collections for learning to rank scientific articles[C]//International conference of the cross-language evaluation forum for european languages. Berlin：Springer, 2012：42-53；ASADI N, METZLER D, ELSAYED T, et al. Pseudo Test collections for learning web search ranking functions[C]//Proceedings of the 34th international ACM SIGIR conference on research and development in information retrieval. New York：ACM, 2011：1073-1082.

受此启发，本书提出了一种针对自然语言问句的关键词查询生成算法（见算法2-1）。

Algorithm 2-1：查询生成算法

Input：q，自然语言问句
Output：k，生成的关键词查询
1 begin
2    $k \leftarrow []$；
3    $s \leftarrow$ **sampleQueryLength**(P(s))；
4   **for** j in $[1, s]$, s<|q| **do**
5        $t_i \leftarrow$ **sampleTerm**(P($t_i|\theta_q$))；
6        $k \leftarrow$ **append**(k, t_i)；
7        $P(t_i|\theta_q) \leftarrow 0$；
8   **done**
9 end

算法2-1 关键词查询生成算法

其中，q表示某个已知的自然语言问句；k表示算法生成的用户关键词查询；s指关键词查询的长度；P(s)表示关键词查询长度的先验概率分布，一般而言可通过统计搜索日志中用户查询的长度分布获得；|q|是自然语言问句的长度；t_i表示存在于语料库词典中的某个词（word）或短语（phrase）；θ是语言模型；P($t_i|\theta_q$)则表示给定自然语言问句q和语言模型θ的条件下，用户使用词t_i重构检索式查找q的概率。该算法的潜在思想是：假设用户曾在问答社区看过某个问题q，一段时间后该用户忘记了问题q和其答案，于是开始回忆该问题的语义表达，并重构了关键词查询k来从问答社区海量的问题中重新定位问题q和其答案。

值得注意的是，我们的算法旨在为自然语言问句生成用户关键词查询，因此存在以下几个特殊限制：

（1）用户不可能愿意使用比原始问句还要长的关键词查询。因此，我们限制关键词查询的长度s小于原始问句的长度q（见算法2-1第4行）。

（2）关键词查询一般不会包括提问词，比如"怎么"（how）、"什么"

（what）、"哪里"（where）、"谁"（who）、"何因"（why）、"何时"（when）
等。因此，在生成查询k的过程中，算法不从语料库词典中选择任何提问
词，即算法2-1中第5行的t_i不包括提问词。

（3）为了避免在选词的过程中截断具有意义的连续单元，算法不仅从
语料库词典中选择词汇（word），同时也提取短语（phrase），即算法2-1
中第5行中t_i可以是词，也可以是短语。

（4）根据我们对雅虎知道（Yahoo Answers）用户查询日志的统计，仅
有3.9%的查询包含重复的词汇。这表明，用户极少会在查询中反复使用
某一词汇。因此，有理由在生成关键词查询的过程中，避免重复选取相同
的词（见算法2-1第7行）。

给定自然语言问句q，依据算法2-1可以生成对应关键词查询。自然，
对于问句集合Q，只需为每个自然语言问句$q \in Q$生成个对应的关键词查
询k，就可以构建一个大规模的查询问句数据对集合$\langle K, Q \rangle$，即用户问答
查询推荐研究所需的合成数据T，算法2-2详细描述了这一过程。

Algorithm 2-2：合成数据生成算法

Input：Q，自然语言问句集合
Output：T=$\langle K, Q \rangle$，合成的查询问句数据对集合
1 **begin**
2    $\langle K, Q \rangle \leftarrow \emptyset$；
3   **for** $q \in Q$ **do**
4   k $\leftarrow$ **generateQuery**(q)；
5       $\langle K, Q \rangle \leftarrow \langle K, Q \rangle \cup \{\langle k, q \rangle\}$；
6   **end**
7 **end**

算法2-2　合成数据生成算法

2.2.1 基于语言模型的查询生成

算法2-1中，条件概率$P(t_i|\theta_q)$决定了每次选择的词汇，进而决定了最

13

终生成查询的质量。根据文献[1]，$P(t_i|\theta_q)$ 可采用标准的语言模型来计算：

$$P(t_i|\theta_q)=(1-\lambda)P(t_i|q)+\lambda P(t_i) \qquad （公式2-2）$$

基于此，词汇 t_i 的选择由两个部分组成。其中，$P(t_i|\theta_q)$ 表示从给定的原始问句中选择词 t_i 用于重构查询的概率。而 $P(t_i)$ 则表示从语料中选择某个词 t_i 用于重构查询的概率。λ 是用于控制两部分权重比例的平滑参数，当 λ 增大时，表示用户更倾向于从语料库中选择词语来重构查询，反之则意味着用户更倾向于从自然语言问句中选择词语来重构查询。一般而言，$P(t_i)$ 可通过如下公式计算：

$$P(t_i)=\frac{n(t_i)}{\sum_{t_j \in v} n(t_j)} \qquad （公式2-3）$$

其中，$n(t_i)$ 表示词汇 t_i 的文档集频率，V 则是语料库词典。

2.2.2　基于复述的查询生成

基于语言模型的查询生成（公式2-2）考虑了从自然语言问句本身抽取词汇，用于重构用户关键词查询。然而，用户可能会使用不同的词汇来表达同一意图，即复述（paraphrase）行为。

想象以下场景，某天用户在问答社区网站中查看了问题"小熊维尼的作者是谁？"（Who is the author of the Pooh？）的答案。数天之后，用户忘记了该问题的答案，于是试图通过构造关键词查询重新搜索问题及其答案。如果用户依然清晰地记得该问句的文字，他可能会使用"小熊维尼作者"（the Pooh author）作为查询词。但是，如果用户仅记得问句的大致意图，其很可能会在脑海中重构问句的复述"小熊维尼的创造者是谁？"（Who is Winnie the Pooh's creator？），并且使用"小熊维尼的创造者"（Winnie the Pooh creator）作为其搜索问句的关键词查询。

---

① AZZOPARDI L, DE RIJKE M, BALOG K. Building simulated queries for known-item topics：an analysis using six european languages[C]//Proceedings of the 30th annual international ACM SIGIR conference on research and development in information retrieval. New York：ACM，2007：455-462.

在关键词查询生成的过程中，考虑复述行为是很有必要的。因此，一种自然的思路是，在基于语言模型的查询生成方法（公式2-2）中增加额外组件，并从复述问句中选词：

$$P(t_i|\theta_q) = \alpha P(t_i|q) + \beta P(t_i|C_q) + (1-\alpha-\beta)P(t_i) \qquad （公式2-4）$$

其中，C_q 表示自然语言问句q的复述问句集合，$P(t_i|C_q)$ 表示从复述问句集合 C_q 中选择词 t_i 重构查询的概率。如果将自然语言问句q的所有复述问句合并成单一文档，那么 $P(t_i|C_q)$ 可以使用任一选词策略进行计算（见公式2-5、2-6和2-7）。

基于复述的查询生成模型中包含平滑参数α和β（α, β ∈ [0, 1]）。当α趋近于1时，模型假设用户完整地记得原始自然语言问句的所有文字。当β趋近于1时，它假设用户记不清自然语言问句的原始文字，但是记得其大致的意思，并且知道如何复述这一问句。如果α和β都接近于0，则表示用户知道这个问句是存在的，但是其已经忘记了原始问句的内容，也不知道该如何复述原始问句。

2.2.3 选词策略

为了模拟不同的用户查询重构行为，这里给出了三种选词策略用于评估条件概率 $P(t_i|q)$：

（1）基于流行度的选词策略（popular selection）。该策略假设越是常见的词语越有可能被用户选作查询词。则条件概率 $P(t_i|q)$ 可用公式2-5计算：

$$P(t_i|q) = \frac{n(t_i, q)}{\sum_{t_j \in q} n(t_j, q)} \qquad （公式2-5）$$

其中，$n(t_i, q)$ 表示词 t_i 在自然语言问句q中出现的频次。

（2）基于区分度的选词策略（discriminative selection）。该策略假设用户习惯使用根据区分度的词语重构查询。条件概率 $P(t_i|q)$ 的计算公式如下：

$$P(t_i|q) = \frac{b(t_i, q)}{P(t_i)\sum_{t_j \in q} \frac{b(t_j, q)}{P(t_j)}} \qquad （公式2-6）$$

15

其中，$P(t_i)$按公式2-3计算，$b(t_i|q)$表示词t_i在自然语言问句q中出现的频次。

（3）基于组合的选词策略（combination selection）。该策略综合考虑了流行度和区分度，其计算公式如下：

$$P(t_i|q) = \frac{n(t_i, q)\log\dfrac{N}{df(t_i)}}{\sum_{t_j \in q}(n(t_j, q)\log\dfrac{N}{df(t_j)})} \qquad （公式2-7）$$

其中，$n(t_i, q)$表示词t_i在自然语言问句q中出现的频次，$df(t_i)$表示语料中包含词t_i的自然语言问句的数量，$df(t_j)$表示语料中包含词t_j的自然语言问句的数量，N表示语料中自然语言问句的总数。

2.3 数据处理与实验设置

2.3.1 测试集构建

为了检验和评价关键词查询生成算法，并估计有效的模型参数（如公式2-2中的λ，公式2-4中的α和β），我们人工标注了查询问句数据对集合（T_0）。具体过程如下：

（1）从维基知道（WikiAnswers）数据集中，随机选取了200个复述簇（paraphrase cluster），每个复述簇由多个提问意图相同或相近的复述问句组成。对于每个复述簇，实验随机抽取5个自然语言问句，获得了1000条自然语言问句。

（2）将1000条自然语言问句按照复述簇分成等量的5份，每1份都包含200条自然语言问句，且覆盖200个复述簇。五位标注者分别对这些问句进行手工标注，即"给定自然语言问句，并要求标注者为该自然语言问句构造相应的关键词查询"，最终构造了包含1000条查询问句数据对的数据集合T_0，并用于后续实验模型算法的自动评价。五位标注者皆为信息检索领域的高年级博士生，其中两位来自中国，另外三位分别来自伊朗、阿根廷和捷克。五位标注者都具有较好的英文水平，并且熟悉信息检索，能够胜任这一标注任务。

2.3.2　实验设置

关键词查询生成模型包含多个先验参数，具体实验中采用了如下设置：

（1）查询长度s（见算法2-1第3行）是基于先验概率分布P(s)的随机采样。其中查询长度的先验概率分布P(s)是通过统计雅虎L16（Yahoo L16）数据集中所有用户查询的长度分布而得。根据本书对L16数据集查询长度分布的统计结果（见图2-3），大部分关键词查询的长度在3—7个单词之间。因此，在生成查询长度s时，研究限定$s \in [3, 7]$，即查询长度只在$[3, 7]$区间进行随机采样。

（2）文档集语言模型$P(t_i)$（见公式2-3）基于维基知道（WikiAnswers）数据集中所有的自然语言问句计算而得。对于基于复述的查询生成模型，本书从维基知道数据集的原始记录中获取每个自然语言问句q对应的复述问句集合C_q。

（3）在基于语言模型的查询生成（公式2-2）有且仅有1个超参数$\lambda \in [0.1, 0.9]$，而基于复述的查询生成（公式2-4）则包含2个超参数$\alpha \in [0.1, 0.9]$和$\beta \in [0.1, 1-\alpha]$。实验过程中通过网格搜索（grid search）来设置这些超参数，网格步长为0.1。

（4）为了避免关键词查询生成过程中，多次选词（见图2-1算法第5行）间截断了问句中有意义的连续单元（短语），我们使用文献[1]提出的算法识别问句中的短语，并将短语中的所有词组成1个最小的选词单元t_i。例如，给定问句"2004本田CRF230有多快"（how fast is a 2004 honda crf 230），经过短语识别之后，问句被转化为"2004本田CRF230有多快"（how fast is a 2004 honda_crf_230）。其中本田CRF230（honda_crf_230）作为完整的选词单元，将被关键词查询生成算法直接抽取，而非经过三次独立选词获得。

---

① MIKOLOV T, SUTSKEVER I, CHEN K, et al. Distributed representations of words and phrases and their compositionality[J]. Advances in neural information processing systems，2013，26：3111-3119.

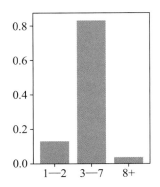

图2-1　雅虎L16（Yahoo L16）数据集查询长度分布图

注：横轴表示了查询长度，"1—2"表示用户查询包含1—2个单词，"3—7"表示用户查询包含3—7个单词，"8+"表示用户查询包括8个及以上单词。纵轴是指符合横轴长度的用户查询占总用户查询的百分比。

2.3.3　评价指标

如果将关键词查询生成看成"使用简洁的关键词查询，对自然语言问句的提问意图进行高度概括"，那么其可视作文本摘要任务的一种特殊情形。基于这一考虑，本书使用文本摘要常用的自动评价指标ROUGE-L[①]，来评价不同的关键词查询生成模型及其不同的设置组合。给定句子 $X = (x_1, ..., x_n)$ 和 $Y = (y_1, ..., y_m)$，两者的ROUGE-L具体计算如下：

$$R_{lcs} = \frac{LCS(X, Y)}{m}$$ 　　　　（公式2-8）

$$P_{lcs} = \frac{LCS(X, Y)}{n}$$ 　　　　（公式2-9）

$$RougeL(X, Y) = \frac{(1+\beta^2)P_{lcs}R_{lcs}}{R_{lcs}+P_{lcs}\beta^2}$$ 　　　　（公式2-10）

---

① LIN C Y. Rouge：a package for automatic evaluation of summaries[C]. Meeting of the association for computational linguistics. Stroudsburg：ACL，2004：74—81.

其中，LCS(X, Y)表示句子 X 和 Y 的最长公共子串的长度。公共子串是指：对于句子 $X = (x_1, \ldots, x_n)$ 和 $Y = (y_1, \ldots, y_m)$，如果存在严格递增序列 $(x_i, \ldots, x_{i+k})$ 和 $(y_j, \ldots, y_{j+k})$，且始终存在 $x_{i+l} = y_{j+l}$，$l \in [0, k]$，则称 $(x_i, \ldots, x_{i+k})$ 或 $(y_j, \ldots, y_{j+})$ 是 X 和 Y 的公共子串。X 和 Y 之间长度最大的公共子串即是最长公共子串，此时 k 表示最长公共子串的长度。

考虑到关键词查询生成过程中的复述现象，有必要在评价指标中考虑复述问句对应的关键词查询。因此，本书提出了两种基于 ROUGE-L 的变种评价指标。

假设 q 代表数据集合 T_0 中的某个自然语言问句 q，k 表示专家为该问句标注的关键词查询，k′ 表示关键词查询生成模型生成的关键词查询，C_q 是 T_0 中 q 的所有复述问句，K_q 为 C_q 对应的所有专家标注关键词查询。那么任意（生成的）伪关键词查询 k′ 可以通过 k′ 和 K_q 的平均 ROUGE-L 值来评估：

$$AvgRougeL(X, Y) = \frac{\sum_{k' \in K_q} RougeL(k, k')}{|K_q|} \qquad （公式 2-11）$$

或者通过 k′ 和 K_q 的最大 ROUGE-L 值来评估：

$$MaxRougeL = \max_{k' \in K_q} RougeL(k, k') \qquad （公式 2-12）$$

RougeL(k, k′) 表示 k 和 k′ 之间的吻合程度，$|K_q|$ 表示 q 的复述问句的个数。

2.4　实验结果

关键词查询生成方法实质上由查询生成算法（见算法 2-1）、两种关键词生成模型（见第 2.2.1 和第 2.2.2 节）和三种选词策略构成（见第 2.2.3 节）。为分析不同组合对关键词查询生成方法的影响，我们进行了如下设置：

- 基于语言模型的生成模型（baseline model）对比基于复述的生成模型（paraphrase-based model）。
- 三种选词策略的对比。
- 查询生成算法执行过程中是否提取短语（见算法 2-1 第 5 行及其说明）。

　　在自建测试数据集上，不同组合设置的结果如表2-1所示。注意，在基于语言模型的查询生成模型（baseline model）和基于复述的查询生成模型（paraphrase-based model）中分别存在1个和2个超参数（hyperparameter），本书使用网格搜索方法，估计这些参数。表2-1中所有结果均通过5折交叉检验获得，即先将测试数据集1000条数据平均分为5份，依次将5份中的4份作为训练数据，评估最优参数，并用该最优参数获取模型在剩下的第5份测试数据上的得分，五次得分的平均值即为最终的报告数值。值得注意的是，关键词查询生成算法的选词过程存在着一定的随机性，为了减小随机性对结果评估的影响，本书重复执行了100次评估实验，最终报告了100次实验的平均值及其标注差。

表2-1　多种关键词生成设置的自动评价结果

设置	AvgRougeL	MaxRougeL
Baseline model		
Popular	0.196（0.093）	0.320（0.127）
Discrimination	0.188（0.105）	0.300（0.142）
Combination	0.224（0.095）	0.352（0.133）
Baseline model+phrase detection		
Popular	0.207（0.101）	0.335（0.134）
Discrimination	0.206（0.111）	0.324（0.147）
Combination	0.237（0.102）	0.371（0.140）
Paraphrase-based model		
Popular	0.213（0.093）	0.339（0.125）
Discrimination	0.227（0.102）	0.346（0.137）
Combination	0.244（0.096）	0.373（0.133）
Paraphrase-based model+phrase detection		
Popular	0.218（0.100）	0.348（0.132）
Discrimination	0.236（0.102）	0.351（0.136）
Combination	**0.252（0.101）**	**0.384（0.137）**

注：其中所有结果均通过5折交叉检验获得，括号中的数字代表多次报告的标准差。

2.4.1 结果分析

对比三种选词策略，研究发现在其他条件相同的情况下，基于组合的选词策略（combination selection）总能得到最优效果。此外，在同样的选词策略和生成模型下，使用短语识别（phrase detection）帮助算法提取短语可以为关键词生成的最终结果带来明显的提升。在评价指标AvgRougeL上，短语识别使结果提升了5.28%，而在评价指标MaxRougeL上则提高了4.22%。

另外，实验的结果显示，基于复述的查询生成（paraphrase-based model）全面优于基于语言模型的查询生成（baseline model）。考虑所有设置，基于复述的查询生成在平均水平上分别为AvgRougeL和MaxRougeL指标带来了10.66%和7.16%的效果提升。

在所有结果中，基于复述的查询生成（paraphrase-based model）＋基于组合的选词策略（combination selection）＋短语识别（phrase detection）的组合获得了最优效果，其中AvgRougeL指标为0.252，而MaxRougeL指标为0.384。

2.4.2 参数分析

本书调查了超参数对不同生成模型的影响。在基于语言模型的查询生成（baseline model）中，实验发现评价指标AvgRougeL和MaxRougeL都随着参数λ的增加而减小，详情如图2-2（a）和图2-2（b）所示。这与本书的预计一致，用户更习惯于使用自然语言问句中存在的词语来重构关键词查询。

在基于复述的查询生成（paraphrase-based model）中，实验发现评价指标AvgRougeL和MaxRougeL都随着参数α和β的增加而增大，详情如图2-3（a）、图2-3（b）、图2-3（c）和图2-3（d）所示。这表明，如果用户能够记住自然语言问句本身，或者能够回想起某些自然语言问句的复述问句，那么其重构的关键词查询将更好。

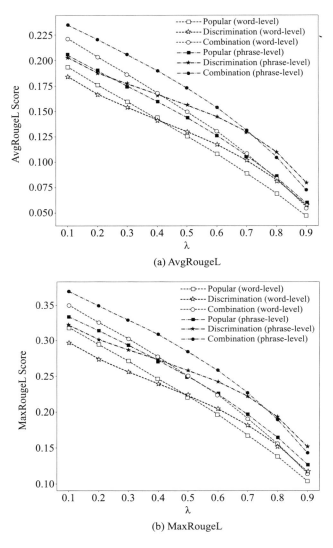

(a) AvgRougeL

(b) MaxRougeL

注：Popular(word-level)：基于流行度的选词策略(以单词为切分单元计算)

Discrimination(word-level)：基于区分度的选词策略(以单词为切分单元计算)

Combination(word-level)：基于组合的选词策略(以单词为切分单元计算)

Popular(phrase-level)：基于流行度的选词策略(以短语为切分单元计算)

Discrimination(phrase-level)：基于区分度的选词策略(以短语为切分单元计算)

Combination(phrase-level)：基于组合的选词策略(以短语为切分单元计算)

AvgRougeL：平均Rouge-L值（AvgRougeL）

MaxRougeL：最大Rouge-L值（MaxRougeL）

图2-2　基于语言模型的查询生成模型参数 λ 对评价指标的影响

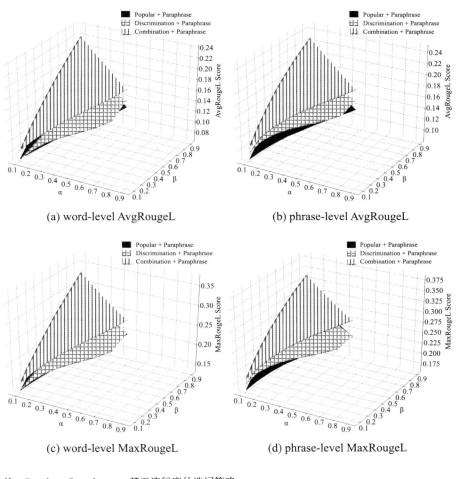

(a) word-level AvgRougeL　　　　　　(b) phrase-level AvgRougeL

(c) word-level MaxRougeL　　　　　　(d) phrase-level MaxRougeL

注：Popular + Paraphrase：基于流行度的选词策略

　　Discrimination + Paraphrase：基于区分度的选词策略

　　Combination + Paraphrase：基于组合的选词策略

　　AvgRougeL：平均 Rouge-L 值（AvgRougeL）

　　MaxRougeL：最大 Rouge-L 值（MaxRougeL）

　　word-level AvgRougeL：以单词为切分单元计算平均 Rouge-L 值

　　phrase-level AvgRougeL：以短语为切分单元计算平均 Rouge-L 值

　　word-level MaxRougeL：以单词为切分单元计算最大 Rouge-L 值

　　phrase-level MaxRougeL：以短语为切分单元计算最大 Rouge-L 值

图2-3　基于复述的查询生成模型参数 α 和 β 对评价指标的影响

2.4.3　错误分析

本书手工检查了一部分合成的查询问句数据对，结果发现在算法生成的关键词查询中存在的主要问题是"无关词汇"。例如，给定自然语言问句"电阻焊管的用途是什么"（what is usage of erw pipe），查询生成算法能够为其生成关键词查询"电阻焊管的使用意味着"（erw pipe usage made meant），其中"意味着"（made meant）是非必要的词汇。其主要原因在于关键词查询生成算法确定生成查询长度时，算法采用的是基于真实用户查询日志的先验概率分布采样方法，这一采样过程并不能始终保证生成的查询长度与真实用户查询长度一致。虽然本章提出的合成数据生成方法具有这样的缺陷，但是这一缺陷可以通过对某一问句进行多次生成多个关键词查询，并从中选取最优关键词查询来弥补。

3　基于搜索的用户问答查询推荐

3.1　概述

用户问答查询推荐研究的目的在于"在用户输入少量关键词的条件下，自动分析用户的潜在提问意图，并为用户推荐相关的自然语言问句"。在现实互联网环境中，问答社区中已经保存了海量的用户提问，其中很多提问均是编辑良好的自然语言问句。另外，现实中不同用户常常会有相同的提问需求，某个用户想要提的问题往往已经被其他用户在现有的问答社区中提及。因此，收集现存的自然语言问句，形成问句语料库，能够一定程度上覆盖较广的用户提问需求。

如果假设问句语料库中已经包含了所有可能的用户提问需求，那么用户问答查询推荐问题可以转化为问句搜索问题，即"在用户给定关键词输入的条件下，从现存问句语料库中搜索语义相关的自然语言问句，并将搜索结果作为推荐问句集合返回给用户"，本书将这种方式称为基于搜索的用户问答查询推荐。

基于搜索的用户问答查询推荐的形式化描述如下：若将用户输入关键词记为q，将问句语料库记为$D = (d_1, ..., d_n)$，其中d_i，$i \in [1, n]$表示问句语料库的自然语言问句，则基于搜索的用户问答查询推荐的本质是构建某个排序模型S，使得S有能力生成某个最优的排序结果列表R_D，见公式3-1。

$$S(q, D) \rightarrow R_D \qquad （公式3-1）$$

其中，排序结果列表R_D需要满足"原始查询q提问意图相近的自然语言问句尽可能地出现在列表R_D的顶部"。

这在本质上可视为排序问题，即构建某个得分函数 $S_r = S_r(q, d_i)$ 用于估计自然语言问句 d_i 和关键词查询 q 之间的提问意图相似度，并生成初始化排序列表 R_D。

运用有监督的机器学习方法构建排序模型已经被广泛运用于各种搜索和推荐任务中[1][2][3]，这些方法被统称为基于学习的排序方法（learning to rank approach）。传统的基于学习的排序方法需要人工构建特征用户学习和训练监督模型，这种人工构建特征的过程被称为特征工程[4]。过去 10 年来的科学实践经验表明，特征工程往往需要大量的领域知识和额外的数据资源，因此这一过程消耗巨大、异常困难且难以实施。深度学习或者说深度神经网络方法的兴起，表明了从大规模数据集中自动学习特征表示是可行的。本章将介绍一种 N 元卷积匹配神经网络（convolutional ngram matching neural network），用于实现基于搜索的用户问答查询推荐。

3.2　N元卷积匹配神经网络

N元卷积匹配神经网络（CNMNN）的结构如图 3-1 所示。对于给定的关键词查询 q 和自然语言问句 d，CNMNN 将通过 4 个步骤计算查询与自然语言问句的提问意图相关性 $S_r(q, d)$。

---

① KARATZOGLOU A，BALTRUNAS L，SHI Y. Learning to rank for recommender systems[C]//Proceedings of the 7th ACM conference on recommender systems. New York：ACM，2013：493-494.

② BURGES C，SHAKED T，RENSHAW E，et al. Learning to rank using gradient descent[C]//Proceedings of the 22nd international conference on machine learning（ICML-05）.New York：ACM，2005：89-96.

③ CAO Z，QIN T，LIU T Y，et al. Learning to rank：from pairwise approach to listwise approach[C]//Proceedings of the 24th international conference on machine learning. New York：ACM，2007：129-136.

④ 王珏，周志华，周傲英. 机器学习及其应用[M]. 北京：清华大学出版社，2006.

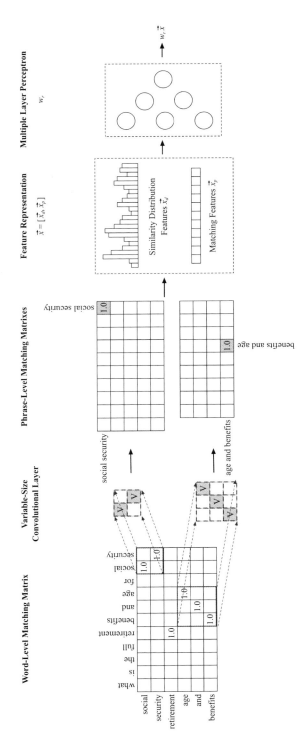

图 3-1　CNMNN 神经网络结构图

注：Word-level Matching Matrix：基于单词的语义匹配矩阵

　　Variable-size Convolutional Layer：变长卷积层

　　Phrase-level Matching Matrix：基于短语的语义匹配矩阵

　　Feature Representation：特征表达

　　Similarity Distribution Features：直方图映射特征

　　Matching Features：池化平铺特征

　　Multiple Layer Perceptron：多层感知机

第一，CNMNN基于关键词查询q和自然语言问句d构建基于单词的语义匹配矩阵（word-level matching matrix）；

第二，变长卷积层（variable-size convolutional layer）将基于单词的语义匹配矩阵转换成多个基于短语的语义匹配矩阵（phrase-level matching matrixes）；

第三，经过直方图映射（matching histogram mapping）和池化（pooling）操作，基于短语的语义匹配矩阵被转换成特征表达向量 $\vec{x}$；

第四，多层感知机（a multiple layer perceptron）被用于模拟特征权重 w_r，并计算最终得分 $S_r = w_r\vec{x}$。

3.2.1 语义匹配矩阵

在构建语义匹配矩阵时，CNMNN将关键词查询和自然语言问句视为单词序列 $(w_1, ..., w_k)$，其中任一单词 w_i 可以在预训练的词向量矩阵 $W \in R^{d \times |V|}$ 中找到对应的d维的实值向量表达。V表示模型的词汇表，|V|则是指词汇表中的单词数量。

给定任意关键词查询 $q = (w_1, ..., w_m)$ 和自然语言问句 $d = (w'_1, ..., w'_n)$，CNMNN神经排序模型能够建立基于单词的语义匹配矩阵 $M \in R^{m \times n}$：

$$M = \begin{bmatrix} | & | & | \\ \cdots & a_{i,j} & \cdots \\ | & | & | \end{bmatrix}, \ i \in [1, m], \ j \in [1, n] \qquad （公式3-2）$$

其中，$a_{i,j}$ 表示关键词查询q中第i个词 w_i 与自然语言问句d中第j个词 w'_j 的语义距离，这一语义距离可通过词向量的余弦距离公式计算。

3.2.2 变长卷积层

一般而言，卷积层（a convolutional layer）往往是由多个正方形卷积核 $F = [f^{(1)}, ..., f^{(k)}]$ 组成，其中k表示卷积核的个数。任一卷积核 $f^{(k)} \in R^{n_k \times n_k}$ 可以表示为如下的权值矩阵：

$$f^{(k)} = \begin{bmatrix} v_{1,1}^{(k)} & \cdots & v_{1,r_k}^{(k)} \\ | & | & | \\ v_{r_k,1}^{(k)} & \cdots & v_{r_k,r_k}^{(k)} \end{bmatrix} \qquad （公式3-3）$$

其中，r_k代表正方形卷积核的大小。

给定矩阵$M \in R^{m \times n}$作为输入，卷积核$f^{(k)} \in R^{r_k \times r_k}$将为M生成特征映射矩阵$Z^{(k)}$：

$$Z^{(k)} = \begin{bmatrix} | & | & | \\ \cdots & z_{i,j}^{(k)} & \cdots \\ | & | & | \end{bmatrix}, \ i \in [1, m-r_k+1], \ j \in [1, n-r_k+1] \quad （公式3-4）$$

其中，$z_{i,j}^{(k)}$可通过如下公式计算：

$$z_{i,j}^{(k)} = \sigma\left(\sum_{s=1}^{r_k}\sum_{t=1}^{r_k} v_{s,t}^{(k)} a_{i+s-1, j+t-1} + b^{(k)}\right) \qquad （公式3-5）$$

σ是1个ReLU激活函数[①]。$v_{s,t}^{(k)}$表示卷积核$f^{(k)}$的第s行第t列的数值。$a_{i,j}$指输入矩阵M的第i行第j列的数值。$b^{(k)}$表示卷积核$f^{(k)}$的偏置常数（bias constant）。

在常规卷积层$F = [f^{(1)}, ..., f^{(k)}]$中，不同卷积核的大小是相同的，即$\forall i,$ $j \in [1, k]: r_i = r_j$，其中r_i表示卷积核$f^{(i)}$的大小。然而，变长卷积层（variable-size convolutional layer）则取消了这一限制，它是由多个不同大小的卷积核组成，即$F' = [f^{(1)}, ..., f^{(k)}]$，$\exists i, j \in [1, k]: r_i \neq r_j$。因此，给定输入矩阵M和1个变长卷积层$F' = [f^{(1)}, ..., f^{(k)}]$，其输出为：

$$Z = [Z^{(1)}, ..., Z^{(k)}] \qquad （公式3-6）$$

其中，$Z^{(i)}, i \in [1, k]$可由公式3-4和公式3-5计算，其中Z记为基于短语的语义匹配矩阵（phrase-level matching matrixes）。

变长卷积层可用多个普通卷积层并联组成。例如，给定包含3个卷积核的变长卷积层$F' = [f^{(a)}, f^{(b)}, f^{(c)}]$，其3个卷积核的大小分别为$r_a$，$r_b$，$r_c$，$r_a \neq r_b \neq r_c$。假若记$f^{(x)}(M) \to Z^{(x)}$为矩阵M通过卷积核$f^{(x)}$的计算结果。那么对

---

① GLOROT X, BORDES A, BENGIO Y. Deep sparse rectifier neural networks[J]. Journal of machine learning research, 2011, 15: 315-323.

于给定输入矩阵 M，变长卷积层 F′ 的输出为 $Z=[Z^{(a)}, Z^{(b)}, Z^{(c)}]$，即 $Z^{(a)}$，$Z^{(b)}$ 和 $Z^{(c)}$ 的级联，且 $Z^{(a)}$，$Z^{(b)}$ 和 $Z^{(c)}$ 分别对应于 3 个普通卷积层 $F_a=[f^{(a)}]$，$F_b=[f^{(b)}]$ 和 $F_c=[f^{(c)}]$ 在矩阵 M 上的输出。

通过不同大小的卷积核，变长卷积层能够从大量的训练数据中，学习到计算不同长度的词语序列（n 元词语序列）的语义相似度的能力。如图 3-1 中所示，给定用户关键词查询"社会保障退休年龄和福利"（social security retirement age and benefits）和自然语言问句"全额退休金和社会保障年龄是多少"（what is the full retirement benefits and age for social security），卷积核 $f^{(b)} \in R^{3 \times 3}$ 能够计算出三元词语序列（trigram）上"年龄和福利"（age and benefits）和"福利和年龄"（benefits and age）的相似度得分为 1.0。此外，卷积核 $f^{(a)} \in R^{2 \times 2}$ 能够学习到计算二元词语序列（bigram）的语义相关性的模式。

注意，与现存的基于卷积的神经排序模型不同，变长卷积层利用并联不同大小的卷积核，从而模拟运算了输入文本和输出文本直接在不同长度的词语序列的语义相似度，并以此为特征信号。而传统的基于卷积的神经排序模型，则是通过串联不同大小的卷积核，分层级实现 n 元词语序列的模式特征识别和语义距离计算。

3.2.3 特征表达

（1）直方图映射特征：基于短语的语义匹配矩阵 Z 中的多元词语序列相似度分布可作为一种特征使用。具体而言，给定基于短语的语义匹配矩阵 $Z^{(k)}$ 和固定的直方图大小 L，矩阵中任一相似度得分 $z_{i,j}^{(k)}$ 将被离散地映射到 L 个有序取值区间，生成特征向量 $x_d=[x_1, \cdots, x_L]$，其中 x_i，$i \in [1, L]$ 表示在第 i 个取值区间上的得分数。例如，假设固定直方图大小 L=6，那么将产生 6 个有序取值区间 $\{[0, 0.2)，[0.2, 0.4)，[0.4, 0.6)，[0.6, 0.8)，[0.8, 1)，[1, 1]\}$。给定匹配矩阵 $[[1, 0.2, 0.4]，[0.3, 0.7, 0.1]]$，将生成直方图映射特征向量 $[2, 2, 0, 1, 0, 1]$。

通过这种方式，CNMNN 将基于短语的语义匹配矩阵 $Z=[Z^{(1)}, ..., Z^{(k)}]$ 转化成多个相似度分布特征向量 $[x_d^{(1)}, ..., x_d^{(k)}]$，这些向量代表着不同长度的多元词语序列的相似度分布。同理，为了考虑一元词语序列（单词级别）的相似度分布模式，CNMNN将初始基于单词的语义匹配矩阵M也转化为特征向量$x_d^{(m)}$。然后，所有的这些向量（$[x_d^{(m)}, x_d^{(1)}, ..., x_d^{(k)}]$）被拼接成1个向量，即图3-1中的特征向量$\overrightarrow{x_d}$。

（2）池化平铺特征：基于短语的语义匹配矩阵中的多元词语序列相似度分值也可作为一种特征使用。具体而言，对于基于短语的语义匹配矩阵集合Z=$[Z^{(1)}, ..., Z^{(k)}]$，可通过最大池化（max pooling）和平铺（flatten）操作将其转化为特征向量的$\overrightarrow{x_p}=[x_p^{(1)}, ..., x_p^{(k)}]$。

首先，最大池化过滤器g会为每个基于短语的语义匹配矩阵生成1个池化特征映射矩阵（pooling feature map matrix），形式化描述为g($Z^{(k)}$)→$P^{(k)}$。最大池化可以看作非线性的下采样过程（nonlinear sub-sampling），该操作的目的在于过滤掉部分不重要的特征数值，从而减少后续的计算消耗，并引入某种形式的平移不变性（translation invariance）[①]。更形式化的描述如下，给定基于短语的语义匹配矩阵$Z^{(k)} \in R^{m \times n}$作为输入，最大池化过滤器$g \in R^{L \times L}$在$Z^{(k)}$的输出为特征映射矩阵$P^{(k)}$：

$$P^{(k)} = \begin{bmatrix} | & | & | \\ \cdots & P_{i,j}^{(k)} & \cdots \\ | & | & | \end{bmatrix}, \ i \in [1, m-L+1], \ j \in [1, n-L+1] \quad （公式3-7）$$

其中，L表示最大池化过滤器g的大小。$p_{i,j}^{(k)}$表示特征映射矩阵$P^{(k)}$中第i行第j列的值，其计算公式如下：

$$p_{i,j}^{(k)} = \max\{z_{s,t}^{(k)}; s \in [i, i+L-1], t \in [j, j+L-1]\} \quad （公式3-8）$$

其中，s表示行下标索引，t代表列下标索引，两者皆为不小于1的正整数。

其次，平铺操作φ会将池化后的特征映射矩阵P=$[P^{(1)}, ..., P^{(k)}]$转化成特征向量$[x_p^{(1)}, ..., x_p^{(k)}]$。具体来说，给定个池化特征映射矩阵$P^{(k)} \in R^{m \times n}$，平铺操作φ的输出为向量$x_p^{(k)}=[x_1, ..., x_{m \times n}]$。向量中的任意元素$x_p^{(k)}$的计算如下：

---

① AGHDAM H H, HERAVI E J. Guide to convolutional neural networks：a practical application to traffic-sign detection and classification[M]. Berlin：Springer，2017.

$$x_i = p_{s,t}^{(k)}, \quad i = (s-1)m + (t-1)n \qquad （公式3-9）$$

此外，与直方图映射特征的处理相似，CNMNN同样为基于词语的匹配矩阵M生成对应的池化相似度特征向量$x_p^{(M)}$，并将其与$[x_p^{(1)}, \ldots, x_p^{(k)}]$等拼接成池化相似度特征表达向量$[x_p^{(M)}, x_p^{(1)}, \ldots, x_p^{(k)}]$，即图3-1中$\vec{x_p}$。

3.2.4　多层感知机

在抽取特征之后，CNMNN使用多层感知机（multiple layer perception）来输出最终的提问意图相关性得分S_r：

$$S_r = w_2\sigma(w_1\vec{x} + b_1) + b_2 \qquad （公式3-10）$$

其中，x是相似度分布特征向量x_d和相似度特征向量x_p的拼接向量。$w_r = [w_1, w_2, b_1, b_2]$表示多层感知机中需要学习的权值参数，σ是ReLU激活函数[①]。

3.2.5　参数训练

为了训练CNMNN神经网络中的参数，网络以最小化成对排序损失（pairwise ranking loss）为优化目标，即采用铰链损失（hinge loss）函数用作CNMNN网络的最优化目标函数，形式化描述如下：

给定三元组(q, d_{pos}, d_{neg})，q表示关键词查询，d_{pos}和d_{neg}为2个自然语言问句。若假设自然语言问句d_{pos}与关键词查询q的提问意图相关性为a，自然语言问句d_{neg}与关键词查询q的提问意图相关性为b，则a和b必须满足条件a>b。此时称d_{pos}为正样本，d_{neg}为负样本，铰链损失函数定义为公式3-11。

$$\mathcal{L}(q, d_{pos}, d_{neg}, \theta) = \max(0, 1 - S_r(q, d_{pos}) + S_r(q, d_{neg})) \quad （公式3-11）$$

其中，$S_r(q, d)$代表CNMNN网络输出的关键词查询q与自然语言问句d之间

---

① DAHL G E, SAINATH T N, HINTON G E. Improving deep neural networks for lvcsr using rectified linear units and dropout[C]//2013 IEEE international conference on acoustics, speech and signal processing. Piscataway: IEEE, 2013: 8609-8613.

提问意图的相关性得分，θ表示神经网络中需要训练的参数。网络参数可通过随机梯度下降（SGD）算法[①]优化求解。在正则化方面，可使用早停（early stopping）策略[②③]防止网络参数过拟合现象。

3.3   数据集构建

3.3.1   测试集构建

为了测试本章提出的CNMNN神经排序模型，我们人工标注了测试数据集用于评价算法模型。

首先，我们从雅虎知道（Yahoo Answers）的查询日志（query log）中[④]，随机采样了100个真实的用户关键词查询，这些查询的长度均为2—5个单词，数据样例如表3-1所示。

表3-1   用户关键词查询样例表

编号	查询词
1	mothers day
2	real estate listings
3	free business startup money
4	social security benefits retirement age

注：所有查询均来自雅虎知道的查询日志。

---

① BOTTOU L. Stochastic gradient descent tricks[M]//Neural Networks：Tricks of the Trade. Berlin：Springer，2012：421-436.

② CARUANA R，LAWRENCE S，GILES C L. Overfitting in neural nets：backpropagation，conjugate gradient，and early stopping[C]//Advances in neural information processing systems. Denver：NIPS，2001：402-408.

③ YAO Y，ROSASCO L，CAPONNETTO A. On early stopping in gradient descent learning[J]. Constructive approximation，2007，26（2）：289-315.

④ WU H，WU W，ZHOU M，et al. Improving search relevance for short queries in community question answering[C]//Proceedings of the 7th ACM international conference on web search and data mining. New York：ACM，2014：43-52.

基于搜索的用户问答查询推荐方法需要规模较大的自然语言问句语料库 D。本章实验中，我们使用雅虎 L6（Yahoo L6）数据集[①]作为问句语料，该数据集是由雅虎研究院公开发布的问答社区数据集。数据集共包含 4 483 032 个用户提问及其对应的元数据，如提问标题、问题描述、答案、所属类别等。该数据集可用于验证问答社区中问句搜索和推荐算法。由于在用户问答查询推荐任务中，系统只希望推荐自然语言问句给用户，因此本书使用文献[②]中的启发式算法过滤掉所有提问标题为非自然语言问句的提问。最终语料 D 中共包含 2 306 197 个以自然语言问句为提问标题的用户提问。

若给定关键词推荐算法为 S，关键词查询 q 和自然语言问句语料库 D，则 S(q, D) 的输出为排序列表 R_D，记为 S(q, D)→R_D。三位标注者分别对结果列表 R_D 中的数据进行人工标注，根据提问意图的相关性，为每个查询问句数据对打分。

基于搜索的用户问答查询推荐与普通的问句搜索任务具有一定的相似性。在考虑提问意图相关性时，都需要考虑查询和问句的主题相关性，即关键词查询的提问主题必须与自然语言问句表达的主题相关。例如，关键词查询"奥巴马家人"（Obama family）的提问主题是围绕美国前任总统奥巴马（Obama）的家人，那么推荐的自然语言问句也必须是关于"奥巴马家人"（Obama family）。

其次，问句搜索场景下用户的目标是搜索主题相关的已知问题的答案，然而用户问答查询推荐的出发点则是希望通过推荐自然语言问句减轻用于输入正确且完整自然语言问句的压力。在现实环境中，用户往往因为各种原因，难以轻松地构建语法正确且完整清晰的自然语言问句来表达其提问意图。例如，在使用英语进行提问时，一些母语非英语的用户可能会陷入不知道如何用地道英文语句表达提问意图的情景。在使用用户问答查询推荐的情景下，

---

① L6-Yahoo! Answers comprehensive questions and answers version 1.0 [EB/OL]. [2019-12-02]. https://webscope.sandbox. yahoo. com/catalog. php?datatype=l. https:// webscope. sandbox. yahoo.com/catalog. php? datatype=l.

② DROR G, MAAREK Y, MEJER A, et al. From query to question in one click：suggesting synthetic questions to searchers[C]//Proceedings of the 22nd international conference on world wide web. New York：ACM, 2013：391-402.

用户只需提供几个重要的关键词来表达大致的提问意图，然后系统会为用户推荐语法结构良好且表达清晰的自然语言问句，这能够减轻用户负担。

当用户输入的关键词提问意图不是很具体时，语料库中往往存在着较多的、潜在的候选自然语言问句。关于关键词查询"警用扫描仪"（police scanner），此时语料库中任意与"警用扫描仪"（police scanner）主题相关的自然语言问句均可能是潜在的候选自然语言问句，比如"我如何选择警用扫描仪？"（How do I choose a police scanner？）和"我怎么才能在俄亥俄州找到警用扫描仪频率？"（How would I find police scanner frequencies in Ohio？）。进一步分析上面2个自然语言问句，可以发现问句"我如何选择警用扫描仪？"（How do I choose a police scanner？）的提问意图可用原始关键词查询"警用扫描仪"（police scanner）加上关键词"选择"（choose）进行完备表达。然而，要对问句"我怎么才能在俄亥俄州找到警用扫描仪频率？"（How would I find police scanner frequencies in Ohio？）的提问意图进行较完备的表达，则需要在原始关键词查询"警用扫描仪"（police scanner）上增加多个限定关键词"频率"（frequencies）和"在俄亥俄州"（in Ohio）。绝大多数时候，增加输入的关键词数量，可以视作增加对提问意图的限定条件，能够有效地缩小问句的搜索范围，进一步具体化用户的提问意图。理想条件下，输入完整的自然语言问句可以使用户提问意图得到百分百表达，但是这会加重用户的行为负担。在用户问答查询推荐中，系统既要求用户有效地输入关键词表达大致的提问意图，又保证其只执行较少的输入操作。

表3-2　相关性人工标注评分规则表

分值	判断规则
2	（C1）用户可能会使用查询词搜索该问题 （C2）用户可能会使用查询词的简单修改（通过同义替换修改1个词或词组）来搜索该问题
1	（C3）问题包含多个提问意图，且覆盖了查询词的提问意图 （C4）用户可能会使用查询词的复杂修改（通过同义替换修改2个及以上的词或词组）来搜索该问题
0	（C5）查询词与自然语言问句无关

因此，在考虑提问意图相关性时，还须考虑"关键词查询包含的提问意图和自然语言问句包含的提问意图之间的差距"。本书中我们用特指距离（specific distance）这一概念来定义这一差距。具体而言，对于关键词查询"警用扫描仪"（police scanner）而言，尽管"我如何选择警用扫描仪？"（How do I choose a police scanner？）和"我怎么才能在俄亥俄州找到警用扫描仪频率？"（How would I find police scanner frequencies in Ohio？）都是主题相关，但是前者的完备语义表达只需增加1个关键词"选择"（choose），而后者的完备语义表达须增加2个限定条件"频率"（frequencies）和"在俄亥俄州"（in Ohio）。基于此，可以说"我如何选择警用扫描仪？"（How do I choose a police scanner？）与"警用扫描仪"（police scanner）的特指距离较小，而"我怎么才能在俄亥俄州找到警用扫描仪频率？"（How would I find police scanner frequencies in Ohio？）和"警用扫描仪"（police scanner）的特指距离较大。

据上述分析，本书针对基于搜索的用户问答查询推荐定义了新的评分规则，具体如表3-2所示。最终，三位标注者的Fleiss kappa系数[①]为0.5241，表明标注结果具有较强的一致性。

3.3.2 训练集构建

训练CNMNN这样的神经排序模型，需要数以十万记的查询问句数据对。然而，正如第1.2.4节中所述，用户问答查询推荐实际研究过程中面临着数据缺失的问题。因此，本节实验采用了第2章提出的合成数据生成方法来自动生成训练数据〈Q', D'_{pos}, D'_{neg}〉，即1个大规模关键词问句三元组集合，Q'表示关键词查询集合，D'_{pos}表示对应的正样本集合，D'_{neg}表示对应的负样本集合。训练数据的生成过程，如图3-2所示：

① FLEISS J L, COHEN J. The equivalence of weighted kappa and the intraclass correlation coefficient as measures of reliability[J]. Educational and Psychological Measurement，1973,33（3）:613-619.

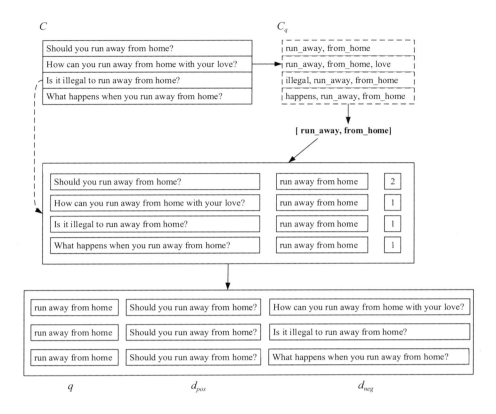

图3-2 训练数据生成过程描述图

（1）若记合成数据方法为f，那么对于任意自然语言问句d，f总能为d生成对应的1个关键词查询q，即f(d)→q；

（2）从维基知道（WikiAnswers）数据集中抽取1个复述问句簇C，使用合成数据方法f为C中的每个自然语言问句都生成对应的关键词查询集合C_q；

（3）从关键词查询集合C_q中，选出最大公约关键词，即"离家出走"（run away from home），构成关键词查询q；

（4）将构成的关键词查询q与C_q中的关键词查询q_i一一比较，如果q与q_i相同则计得分为2，若q是q_i的子集则得分为1，其他记为0；

（5）对于关键词查询q，将得分较高的问句作为正例d_{pos}，将得分较低的作为负例d_{neg}组成1条训练数据。

按照上述方法，实验共生成198 168条训练数据，该数据共包含5122个关键词查询，且所有关键词查询均为2—5个单词。

3.4　实验设置

3.4.1　模型与参数设置

实验共与四种现存方法进行了对比，其中包含两种基于关键词的问句搜索方法MQ2QC[①]和IBLM[②]，及两种神经排序模型DRMM[③]（一种基于表达的局部互作用神经排序模型）和MatchPyramid[④]（一种基于层次卷积的神经排序模型）。

（1）MQ2QC是一种基于相关性特征rel(q, d)和流行性特征popular(d)的问句排序算法。根据文献[⑤]，实验在测试集问句语料D上使用语言模型[⑥]计算相关性特征rel(q, d)。为了获取流行性特征popular(d)，实验采用与原始文献相同的设置，在语料D上构建了基于主题的图（a topic-based graph）。

----

①　GAO Y, CHEN L, LI R, et al. Mapping queries to questions：towards understanding users' information needs[C]//Proceedings of the 36th international ACM SIGIR conference on research and development in information retrieval. New York：ACM,2013:977−980.

②　WU H, WU W, ZHOU M, et al. Improving search relevance for short queries in community question answering[C]//Proceedings of the 7th ACM international conference on web search and data mining. New York：ACM,2014:43−52.

③　GUO J, FAN Y, AI Q, et al. A deep relevance matching model for ad-hoc retrieval[C]//Proceedings of the 25th ACM international on conference on information and knowledge management. New York：ACM,2016:55−64.

④　PANG L, LAN Y, GUO J, et al. Text matching as image recognition[C]//Thirtieth AAAI Conference on artificial intelligence，Menlo Park：2016:2793−2799.

⑤　GAO Y, CHEN L, LI R, et al. Mapping queries to questions：towards understanding users' information needs[C]//Proceedings of the 36th international ACM SIGIR conference on research and development in information retrieval. New York：ACM,2013:977−980.

⑥　SONG F, CROFT W B. A general language model for information retrieval[C]//Proceedings of the eighth international conference on information and knowledge management. New York：ACM,1999:316−321.

然后，每个自然语言问句d的流行性特征popular(d)则采用lexRank[①]算法估计。在原始文献中，关键词查询q和自然语言问句d的最终得分为S(q, d)=log(rel(q, d))+log(popular(d))。在实验过程中，实验发现这种同权重的线性组合在本实验所用的语料D上效果较差，因此实验使用非等价权重的线性组合，即$S(q, d)=w_1 \log(rel(q, d))+w_2 \log(popular(d))$。其中，权重$w_1$和$w_2$可通过有监督学习算法从训练数据中学习。在本实验中，训练数据为第3.3.2节中生成的合成数据，学习算法为pairwise LambdaMART[②]。

（2）IBLM是一种用于关键词问句搜索的基于意图的语言模型。该模型通过如下公式计算关键词查询q和自然语言问句d的相关性得分：

$$S(q, d)=\pi_0 P_{trba}(q|d)+\sum_{i=1}^{3} \pi_i \sum_{j=1}^{N} \varphi_{i, j} P_{trba}(t_{i, j}|d) \quad （公式3-12）$$

在公式3-12中，第一部分表示了关键词查询q与自然语言问句d的相关性，第二部分则表示了意图词汇$t_{i, j}$，$0 \leqslant i \leqslant 3$，$1 \leqslant j \leqslant N$与自然语言问句d的相关性。其中，$P_{trba}(q|d)$由基于翻译的语言模型计算而得；$t_{i, j}$表示从资源库i中挖掘到的表达提问意图的单词，又称意图词汇；φ_{ij}则表示意图词汇$t_{i, j}$的权重。根据文献[③]，实验从三种不同类型的资源中挖掘意图词汇$t_{i, j}$，包括问句语料D，AOL搜索引擎查询日志，即谷歌搜索引擎的前10条返回结果列表。具体而言，实验通过谷歌自定义搜索API（Google custom search API）获取关于每个关键词查询的前10条搜索结果。另外，条件概率$P_{trba}(q|d)$和$P_{trba}(t_{ij}|d)$均使用问句语料D进行估算，具体的计算过程见原始文献。与MQ2QC模型一样，IBLM模型中的权重$\{\pi_i\}$，$0 \leqslant i \leqslant 3$也是从合成数据中学习而得，学习算法依然是pairwise LambdaMART[④]。

————————

① ERKAN G, RADEV D R. Lexrank:graph-based lexical centrality as salience in text summarization[J]. Journal of artificial intelligence research,2004,22:457-479.

② BURGES C J C. From ranknet to lambdarank to lambdamart:an overview[J]. Learning,2010,11（23-581）:81.

③ WU H, WU W, ZHOU M, et al. Improving search relevance for short queries in community question answering[C]//Proceedings of the 7th ACM international conference on web search and data mining. New York：ACM,2014:43-52.

④ BURGES C J C. From RankNet to LambdaRank to LambdaMART: an overview[EB/OL] https://www.microsoft.com/en-us/research/wp-content/uploads/2016/02/MSR-TR-2010-82.pdf.

（3）DRMM是一种经典的神经排序模型，其首先计算查询q和自然语言问句d中词语的词向量的两两相似性得分，然后构建基于互作用的特征表达，并最终通过门控神经网络（gate network）输出相关性得分，详情可参见文献[①]。

（4）MatchPyramid[②]是一种基于卷积的神经排序模型，其通过多层卷积神经网络，学习短语级别的语义相似性模式，最终通过一层神经元输出相关性得分。实验使用文本匹配工具箱MatchZoo[③]执行DRMM和MatchPyramid两种算法。此外，DRMM和MatchPyramid都须使用预训练的词向量，在具体实验中，本书使用维基百科（Wikipedia）和Gigaword语料预训练了大小为300维的词向量[④]，用于初始化。所有其他设置均与原始文献相同，且神经排序模型的参数均从合成数据中学习而得。

（5）对于CNMNN神经排序模型，本书经过多次实验尝试，最后确定网络的具体参数设置：

- 预训练词向量矩阵初始化，如DRMM和MatchPyramid相同，实验中使用维基百科（Wikipedia）和Gigaword作为训练语料，词向量维度大小设置为300；
- 对于变长卷积层，CNMNN使用了两种卷积核，其大小分别为5和3，两种卷积核的个数均为8；（注：实验过程中我们尝试了多种组合，最终发现该参数设置在本实验的数据集上效果最优）
- 对于相似度分布特征表达，CNMNN将直方图映射到50个有序取值区间，即L=50；
- 对于相似度特征表达，CNMNN使用步长为2的最大池化操作；

① GUO J, FAN Y, AI Q, et al. A deep relevance matching model for ad-hoc retrieval[C]//Proceedings of the 25th ACM international on conference on information and knowledge management. New York：ACM, 2016:55-64.

② PANG L, LAN Y, GUO J, et al. Text matching as image recognition[C]// Thirtieth AAAI conference on artificial intelligence. Menlo Park：AAAI, 2016:2793-2799.

③ FAN Y, PANG L, HOU J P, et al. Matchzoo：a toolkit for deep text matching[EB/OL]. [2019-12-02]. https://arxiv.org/abs/1707.07270.

④ Dataset for global vectors for word representation (GloVe)[EB/OL]. [2019-12-04]. http://nlp.stanford.edu/data/glove.6B.zip.

● 在多层感知机部分，共有两层全连接，第一层的大小设置为50，而第二层的大小设置为1。

此外，实验还采用了三种不同的CNMNN结构：

● CNMNN（SDF），仅使用直方图映射特征作为多层感知机的输入；

● CNMNN（MF），仅使用池化平铺特征作为多层感知机的输入；

● CNMNN（SDF+MF），同时使用直方图映射特征和池化平铺特征。

3.4.2　评价指标

为了有效评价各个模型在基于搜索的用户问答查询推荐任务上的效果，实验采用了多个信息检索中常用的评价指标，包括nDCG@k（k ∈ [5, 10, 20]），平均倒数排名（MRR）和平均精度均值（MAP）。本节分别对这几个指标进行简要概述。

（1）nDCG@k（归一化折损累积增益，Normalized Discounted Cumulative Gain），是一种常用的排序评价指标，反映了排序列表前k个结果的好坏。如果在排序列表中，语义相关度越高的结果排在列表越前面，则该得分越高。其具体计算如下：

$$nDCG@k = \frac{DCG}{iDCG}$$ （公式3-13）

$$DCG@k = \sum_{i=1}^{k} \frac{2^{r(i)}-1}{\log_2(i+1)}$$ （公式3-14）

其中，$r(i)$表示排序列表中第i个结果的人工标注相关性级别，$\sum_{i=1}^{k}$表示前k个结果的累积增益，指数变换$2^{r(i)}$凸显了不同人工标注相关性级别的差异，折扣因子$\log_2(i+1)$用来强调越能将人工标注相关性级别高的排名靠前的算法越好。

（2）MRR（平均倒数排名，Mean Reciprocal Rank），是一种基于第1个相关结果位置的排序评价指标。其基本思想是"排序列表的优劣，很大程度上与第1个相关结果的位置有关，第1个相关结果越靠前，则排序列

表越好"。具体而言,公式如下:

$$MRR = \frac{1}{|Q|} \sum_{i=1}^{|Q|} \frac{1}{rank_i} \qquad (公式3-15)$$

其中,|Q|表示查询的个数,$rank_i$表示第i个查询第1个相关结果在排序列表中的位置。例如,对于查询i,其第1个相关结果在排序列表中排名第n,那么$rank_i = n$。

(3)MAP(平均精度均值,Mean Average Precision),也是一种常用的排序评价指标,是反映系统在全部相关文档上性能的单值指标,其在准确率的基础上考虑了位置因素,具体计算公式如下:

$$MAP = \frac{\sum_{q=1}^{Q} AP(q)}{Q}, AP = \frac{\sum_{i=1}^{r} \frac{i}{p_i}}{r} \qquad (公式3-16)$$

其中,r是相关文档的总数,p_i表示第i个相关文档在排序列表中的位置。q代表某一查询,Q是所有查询的个数。关于评价指标的更多详情,可参见文献[1]。

3.5　实验结果

实验结果,如表3-3所示。首先,对比所有方法的不同指标,CNMNN(SDF+MF)在所有指标上均获得了最优结果,而DRMM则在除了nDCG@20之外的所有指标上均获得了最差的得分。而且CNMNN(SDF+MF)相对于DRMM,在nDCG@5上提升了83.8%,在nDCG@10上提升了67.1%,在nDCG@20上提升了50.8%,在MRR上提升了87.9%,在MAP上提升了90.0%。

其次,与本书预期一致,两种传统的关键词问句搜索方法MQ2QC和IBLM的效果基本相同。两者都利用了多种特征的线性组合,这些特征主

---

① SANDERSON M. Test collection based evaluation of information retrieval systems[J]. Foundations and trends® in information retrieval,2010,4(4):247-375.

要考虑了关键词查询与自然语言问句的主体相关性，没有考虑特指距离差异，即"关键词查询包含的提问意图和自然语言问句包含的提问意图之间的差距"。

再次，对比两种现存的神经排序模型DRMM和MatchPyramid的结果发现，MatchPyramid各个指标的得分均高于DRMM。这很可能是因为，MatchPyramid使用了层次卷积神经网络，能够有效地提取短语级别的语义相似性，而DRMM则仅能从单词级别上考察语义相似性。然而，在用户问答查询推荐的场景中，输入查询和输出自然语言问句皆是非常简短的文本片段（一般关键词查询不超过5—6个单词，而自然语言问句则不超过16—18个单词。），这使得与该任务与长文本检索截然迥异。在判断关键词查询和自然语言问句的提问意图相关性时，更需要突出短语级别的语义相似性。例如"巴拉克·奥巴马"（Barack Obama），"奥巴马总统"（president obama）和"米歇尔·奥巴马"（Michelle Obama），在单词级别上考察语义相似性，由于"巴拉克"（Barack）和"米歇尔"（Michelle）均表示名字，在词向量空间中具有更相近的位置，因此这2个短语在基于单词级别的相似度计算时会得到更高的得分。而从短语级别上看"巴拉克·奥巴马"（Barack Obama）和"奥巴马总统"（president obama）应该具有更高的相似性，因为这两者表示的是同一概念。

表3-3 基于搜索的用户问答查询推荐对比结果表

方法	nDCG@5	nDCG@10	nDCG@20	MRR	MAP
MQ2QC	0.448	0.458	0.502	0.468	0.310
IBLM	0.447	0.470	0.503	0.481	0.334
DRMM	0.382	0.429	0.506	0.379	0.269
MatchPyramid	0.484	0.517	0.572	0.528	0.326
CNMNN（SDF）	0.508	0.524	0.581	0.536	0.302
CNMNN（MF）	0.698	0.713	0.748	0.677	0.495
CNMNN（SDF+MF）	**0.702**	**0.717**	**0.763**	**0.712**	**0.511**

根据CNMNN（SDF）、CNMNN（MF）和CNMNN（SDF+MF）的结果可知，在基于搜索的用户问答查询推荐场景下，池化相似度特征较相似度

分布特征更加有效。在池化相似度特征（MF）的基础上，增加相似度分布特征（SDF）仅能为模型带来微弱提升。

值得注意的是，CNMNN（MF）和MatchPyramid之间的对比结果。从本质上来看，两者都使用了卷积神经网络，不同在于MatchPyramid使用层次卷积神经网络，串联不同尺寸的卷积核实现短语级别的语义相似性模式的分层学习；而CNMNN（MF）则使用变长卷积层，即将不同尺寸的卷积核并行起来，同时从多个短语级别学习语义相似性。结果表明，在用户问答查询推荐任务上，CNMNN（MF）这种多尺寸卷积核的并行处理优于串行处理的结果。这很可能是由于关键词查询和自然语言问句皆为短文本，在串联卷积核时每经过一层卷积操作都会缩减特征矩阵的大小，即丢失一些特征信号。而在并联卷积核时，则可以保留更多的信息。

4 基于生成的用户问答查询推荐

4.1 概述

由于问句语料很难涵盖所有的用户提问意图，因此当用户想通过关键词查询获取语料中未出现过的问题时，基于搜索的用户问答查询推荐必然无法为用户返回期望的候选问句。为解决这一问题，本章介绍了一种基于生成的用户问答查询推荐方法，其利用语言生成模型，像模拟人的"选词造句"行为一样，在给定输入关键词的条件下，生成语料库中未出现过的新问句并将其推荐给用户。

基于生成的用户问答查询推荐的形式化描述如下：若将用户输入关键词 $k = (x_1, ..., x_n)$ 作为原始输入序列，将推荐给用户的自然语言问句 $q = (y_1, ..., y_m)$ 视为输出序列，则基于生成的用户问答查询推荐的本质是构建语言生成模型 g，使得 g 有能力在给定输入查询 $(x_1, ..., x_n)$ 时生成自然语言问句 $(y_1, ..., y_m)$：

$$g(x_1, ..., x_n) \rightarrow (y_1, ..., y_m) \qquad （公式4-1）$$

公式 4-1 可以很自然地将用户问答查询推荐研究转化为从用户关键词

k到自然语言问句q的翻译问题，并采用神经翻译模型[1][2][3]加以解决。然而，训练鲁棒的神经翻译模型，需要数以百万计的查询问句数据对。针对数据缺失问题，本章介绍了一种基于合成数据的神经翻译模型训练方法（见图4-1），从而实现了基于生成的用户问答查询推荐。

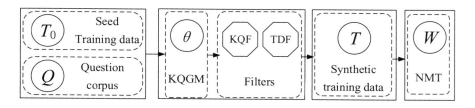

图4-1　基于合成数据的神经翻译模型训练方法概述图

图4-1中，T_0表示小规模的查询问句数据对种子集，Q是大规模的自然语言问句语料，T表示合成数据生成方法生成的神经翻译模型训练数据，KQGM是关键词查询生成模型（见第2章），NMT表示神经翻译模型。由于神经翻译模型对数据质量的要求很高，该方法首先使用种子集训练关键词查询生成模型的参数θ；然后利用训练好的关键词查询生成模型为问句语料Q生成大量的伪关键词查询；由于神经翻译模型对数据质量的要求很高，我们使用了关键词查询过滤（KQF）和训练数据过滤（TDF）两种过滤方法对数据进行质量控制，从而获得了高质量的合成数据T；最后使用合成数据T作为训练数据学习得到神经翻译模型NMT的最优参数W。下面本书将介绍两类合成数据过滤器以及三种神经翻译模型。

①　SUTSKEVER I, VINYALS O, Le Q V. sequence to sequence learning with neural Networks[EB/OL]. [2019-12-02]. https://arxiv.org/pdf/1409.3215.pdf.

②　BAHDANAU D, CHO K, BENGIO Y. Neural machine translation by jointly learning to align and translate[EB/OL]. [2019-12-02]. https://arxiv.org/abs/1409.0473.

③　GU J, LU Z, LI H, et al. Incorporating copying mechanism in sequence-to-sequence learning[EB/OL]. [2019-12-02]. https://arxiv.org/pdf/1603.06393.pdf.

4.2　合成数据过滤器

4.2.1　关键词查询过滤

由于查询生成算法具有一定的随机性，在给定关键词查询长度概率分布（算法2-1第3行）和选词策略（算法2-1第5行）的条件下，关键词查询生成模型可能会为同一自然语言问句生成多个差异较大且质量参差不齐的关键词查询。例如，在同样模型的参数下，对于自然语言问句"折射望远镜内部会发生什么？"（what happens inside a refracting telescope？），模型能够生成1个非常好的关键词查询"发生在折射望远镜内部？"（happens inside refracting telescope？），也可以生成1个非常差的"内部颜色类型"（inside colors type）。解决这一问题的最佳方案是"为每个自然语言问句生成多个候选关键词查询，然后从中选择最优者构建高质量的查询问句数据对"。

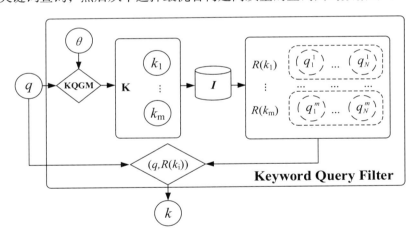

图4-2　关键词查询过滤器（KDF）结构图

图4-2给出了一种基于检索结果反馈的关键词查询过滤器（KDF），其基本思想是，"良好的关键词查询，能够更有效地帮助用户检索到原始的自然语言问句；反之，如果关键词查询不能帮助用户查找到原始问句，那么对于原始问句而言，该关键词查询则是无效的"。值得注意的是，在这种基于检索结果反馈的思路下，对于自然语言问句 q 而言，理想条件下最佳的关键词查询是 q 本身。表面上看，这与前文所述的目标"生成较原始问

句更简明的用户关键词查询"相悖。但是实际上，在第 2 章构建查询生成算法（算法 2-1）时，本书已经通过加入诸如关键词长度（如关键词查询长度必须小于原始问句长度）和选词（如避免选择提问词）等限制，有效地回避了生成 q 作为关键词查询的可能性。因此，最优关键词查询 k 将是 1 个能够完全覆盖自然语言问句 q 的提问意图，且不与 q 完全相同的词汇组合。

具体而言，对于自然语言问句 q，关键词查询过滤器首先使用预训练的关键词查询生成模型（KQGM）和模型参数 θ，生成 m 个候选关键词查询 $K = \langle k_1, ..., k_m \rangle$；然后，过滤器依次将生成的关键词查询提交给本地索引 I（包含语料中所有的自然语言问句），通过序列依赖模型（Sequential Dependence Model）从索引 I 中获得检索结果，为每个关键词查询 k_i 搜索 N 个得分最高的问句 $R(k_i) = \langle q_1^i, ..., q_N^i \rangle$；然后，过滤器通过计算自然语言问句 q 在返回的问句集合 K 中的倒数排名（reciprocal rank）来确定最优关键词查询 k。该过程的形式化描述如下：

$$k = \mathrm{argmax}_{i \in [1, ..., m]} \frac{1}{\mathrm{rank}(q, R(k_i))} \qquad （公式 4-2）$$

其中，$\mathrm{rank}(q, R(k_i))$ 表示自然语言问句 q 在排序列表 $R(k_i)$ 中的排序位置。

4.2.2 训练数据过滤

尽管关键词查询过滤器（KDF）已经为问句语料库中的每个自然语言问句 q 生成了最优的关键词查询 k，并构建了合成数据集 T = {K, Q}。但是，T 中依然可能存在着质量较低的查询问句数据对（k, q），这些劣质数据会严重影响神经网络模型的最终性能。因此，本书提出了一种基于检索结果反馈的训练数据过滤器（TDF），详见图 4-3。

该过滤器能够从合成数据 T 中，选取包含 L 个最优查询问句数据对的子集 $T_L \subseteq T$。具体而言，首先，该过滤器从合成数据 T 中取出查询问句数据对 $\langle k, q \rangle$，从索引 I 中查找自然语言问句 q 的复述问句集合 $C_q = \langle q_1^c, ..., q_i^c \rangle$，并通过关键词查询 k 搜索相关问句集合 $RR(k) = \langle q_1^r, ..., q_j^r \rangle$。其次，过滤器依据 $RR(k)$ 和 C_q 获得查询问句数据对 $\langle k, q \rangle$ 的评分 $P(k, q)$。最后，过滤器从 T 中选择 L 个得分最高的查询问句数据对构建子集 T_L。

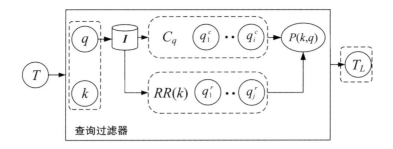

图4-3　训练数据过滤器（TDF）结构图

评分P(k, q)表示了关键词查询k与自然语言问句q的匹配程度。其计算公式如下：

$$P(k, q)=\frac{|C_q \cap RR(k)|}{|RR(k)|} \qquad （公式4-3）$$

其中，RR(k)通过向索引I提交查询k获得；C_q可通过复述问句识别算法[①②]，也可以依据用户行为获取。注意，训练数据过滤器（TDF）的实际内涵是"如果关键词查询k能够搜索到更多的复述问句，那么k与原始自然语言问句q的语义更接近。反之，则表示k与自然语言问句q的语义相悖"。

4.3　神经翻译模型

4.3.1　编码器—解码器模型

编码器—解码器（encoder-decoder）模型是一种经典的神经翻译机网络架构，其主要由编码器和解码器两个多层递归神经网络组成。

———————

①　BOGDANOVA D, DOS SANTOS C, BARBOSA L, et al. Detecting semantically equivalent questions in online user forums[C]//Proceedings of the nineteenth conference on computational natural language learning. Stroudsburg：ACL, 2015：123-131.

②　JIANG L L, CHANG S, DANDEKAR N. Semantic question matching with deep learning[EB/OL].[2018-10-12]. https://www.quora.com/quoraengineering/Semantic-Question-Matching-with-Deep-Learning.

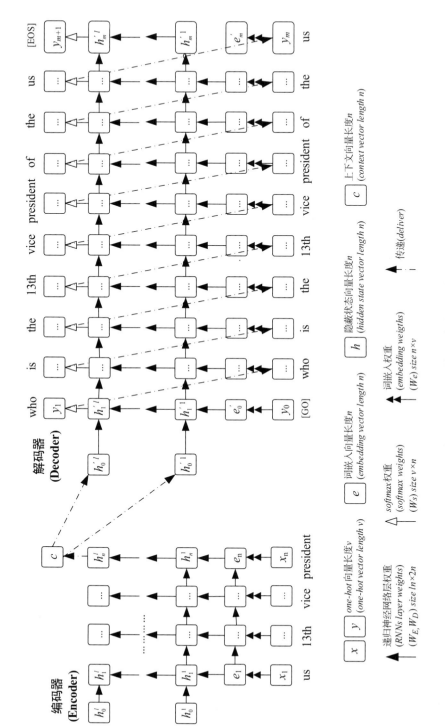

图4-4 编码器—解码器神经翻译模型结构图

- 编码器，一个多层递归神经网络，将输入关键词序列 $k = (x_1, ..., x_n)$ 编码为上下文语义向量 c；

- 解码器，另一个多层递归神经网络，以编码器输出的上下文语义向量 c 为初始输入，依次生成自然语言问句输出序列 $q = (y_1, ..., y_m)$。

图4-4详细描述了编码器—解码器神经网络模型结构，并且注明了输入、输出及不同类型的模型参数和权值。下面本书将按从左到右、从下到上的顺序依次介绍图中各部分。

（1）词汇表

在编码器—解码器神经翻译模型启动之前，首先需要建立词汇表 $V \in R^v$，其包含训练语料中所有非重复的词（word），并且每个词都对应于1个数字编号和one-hot向量表达。假设语料中仅包含"Who, is, the, 13th, vice, president, of, United, Sates, us"10个非重复词，那么其对应的词汇表V，如表4-1所示。给定词汇表V，关键词查询"我们第十三副总统"（us 13th vice president）和自然语言问句"谁是美国的第13位副总统？"（Who is the 13th vice president of the United States？）中任一单词都可以转化成1个one-hot向量编码，即 $\forall x_i, y_j \in R^v$。

表4-1　词汇表one-hot编码示例表

编号	词汇	One-Hot 编码
1	Who	[1, 0, 0, 0, 0, 0, 0, 0, 0, 0]
2	is	[0, 1, 0, 0, 0, 0, 0, 0, 0, 0]
3	the	[0, 0, 1, 0, 0, 0, 0, 0, 0, 0]
4	13th	[0, 0, 0, 1, 0, 0, 0, 0, 0, 0]
5	vice	[0, 0, 0, 0, 1, 0, 0, 0, 0, 0]
6	president	[0, 0, 0, 0, 0, 1, 0, 0, 0, 0]
7	of	[0, 0, 0, 0, 0, 0, 1, 0, 0, 0]
8	United	[0, 0, 0, 0, 0, 0, 0, 1, 0, 0]
9	States	[0, 0, 0, 0, 0, 0, 0, 0, 1, 0]
10	us	[0, 0, 0, 0, 0, 0, 0, 0, 0, 1]

（2）编码器

编码器将依次读取关键词查询序列 $(x_1, ..., x_n)$，并输出上下文语义向量 c。首先，编码器中所有递归神经网络层的初始隐藏状态 $(h_0^1, ..., h_0^1)$ 将被初始化为零状态（zero states）。其次，关键词查询 k 的 one-hot 编码序列表达 $(x_1, ..., x_n)$ 被输入到 1 个词向量矩阵 W_e，并转化为 1 个词向量序列 $(e_1, ..., e_n)$：

$$e_i = W_e^T x_i, \quad i \in [1, ..., n] \qquad （公式4-4）$$

其中，$x_i \in R^v$ 是关键词查询序列中第 i 个词的 one-hot 向量编码；$e_i \in R^n$ 表示该词的词向量（word embedding vector）；$w_e \in R^{m \times n}$ 是词向量矩阵，对应于图 4-4 中的词向量权重（embedding weights）。

然后，词向量序列 $(e_1, ..., e_n)$ 被输入 1 个 L 层递归神经网络，从而计算上下文语义向量 c。该计算过程的形式化描述如下：

$$h_i^L = f(h_{i-1}^L, e_i, W_E^L) \qquad （公式4-5）$$

$$h_i^L = f(h_{i-1}^L, h_i^{L-1}, W_E^L) \qquad （公式4-6）$$

$$c = h_i^L \qquad （公式4-7）$$

其中，$h_i^l \in R^n$ 指编码器第 L 层递归神经网络第 i 步的隐藏状态向量；W_e^L 表示编码器递归神经网络第 L 层的所有权重；f 是 1 个非线性激活函数，其可以是 1 个简单的 sigmoid 函数，也可以是 1 个复杂的计算单元，如长短期记忆网络[①]（long short-term memory）和门控循环单元[②]（gated recurrent unit）。

（3）解码器

一旦模型从编码器获取上下文语义向量 c，解码器开始输出自然语言问句序列 $(y_1, ..., y_m)$。首先，解码器中所有递归神经网络层的初始隐藏状

① HOCHREITER S, SCHMIDHUBER J. Long short-term memory[J]. Neural computation, 1997, 9（8）: 1735-1780.

② CHUNG J, GULCEHRE C, CHO K H, et al. Empirical evaluation of gated recurrent neural networks on sequence modeling[EB/OL]. [2019-12-12]. https://arxiv.org/abs/1412.3555.

态 $(h_0^1, ..., h_0^L)$ 将被初始化为上下文语义向量 c；其次，2个特殊符号 y_0 和 y_{m+1}（对应图4-4中"[GO]"和"[EOS]"）被加入到自然语言问句输出序列 $(y_1, ..., y_m)$ 首尾处构成解码器的输入序列 $(y_0, ..., y_{m+1})$；最后，解码器中递归神经网络参数将按如下公式计算：

$$e_i' = W_e^T y_{i-1}, i \in [1, ..., m] \qquad （公式4-8）$$

$$h_i'^L = f'(h_{i-1}'^L, e_i, W_D^L) \qquad （公式4-9）$$

$$h_i'^L = f'(h_{i-1}'^L, h_i'^{L-1}, W_D^L) \qquad （公式4-10）$$

其中，$h_i'^L \in R^n$ 表示解码器第L层递归神经网络第i步的隐藏状态向量；W_D^L 表示解码器递归神经网络第L层的所有权重；f' 可以是个与编码器 f 相同的函数，也可以是个不同的非线性激活函数。解码器生成自然语言问句输出序列第 i 个词（y_i）的概率为：

$$P(y_i|y_1, ..., y_{i-1}, x_1, ..., x_n) = \frac{\exp(\phi_g(y_i))}{\sum \exp(\phi g(y))}, y \in V \qquad （公式4-11）$$

$$\phi_g(y_i) = \sigma(h_i'^L, W_s) \qquad （公式4-12）$$

其中，σ 是非线性函数；$W_s \in R^{v \times n}$ 是归一化指数矩阵（softmax matrix），对应于图4-4中归一化指数权重（softmax weights）。

（4）权重学习

给定关键词问句对集合 $S = \{x_j, y_j\}$，$j \in [1, N]$，编码器—解码器神经翻译模型中的权重集合 $W = \{W_e, W_E, W_D, W_s\}$ 可通过最大化如下对数似然目标函数：

$$L = \max \frac{1}{N} \sum_1^N \log P_W(\vec{y_j} | \vec{x_j}) \qquad （公式4-13）$$

依据链式法则，条件概率 $P(y_1, ..., y_m|x_1, ..., x_n)$ 可以分解为：

$$P(y_1, ..., y_m|x) = \prod_{i=1}^M P(y_i|y_1, ..., y_{i-1}, x) \qquad （公式4-14）$$

4.3.2 注意力机制模型

注意力机制（attention mechanism）是一种在自然语言处理、图像识别及语音识别等各种不同类型的深度学习任务中被广泛采用的技术[①②③]。现有研究[④]表明，将注意力机制引入编码器—解码器模型能够有效地提高模型效果。在编码器—解码器模型中，编码器将关键词查询输入序列$(x_1, ..., x_n)$转化成上下文语义向量c，然后解码器根据$(y_1, ..., y_m)$依次生成自然语言问句输出序列$(y_1, ..., y_m)$，如图4-5所示。

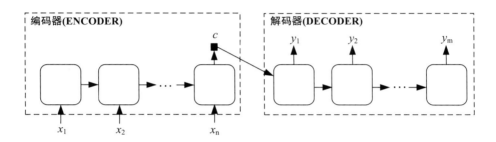

图4-5　编码器—解码器模型示意图

注：编码器和解码器内部结构已省略。

———————————

① TANG D, QIN B, LIU T. Document modeling with gated recurrent neural network for sentiment classification[C]//Proceedings of the 2015 conference on empirical methods in natural language processing, Stroudsburg: ACL, 2015:1422-1432.

② YANG Z, YANG D, DYER C, et al. Hierarchical attention networks for document classification[C]//Proceedings of the 2016 conference of the north american chapter of the association for computational linguistics: human language technologies. Stroudsburg: ACL, 2016:1480-1489.

③ FU J, ZHENG H, MEI T. Look closer to see better: recurrent attention convolutional neural network for fine-grained image recognition[C]//Proceedings of the IEEE conference on computer vision and pattern recognition. Piscataway: IEEE, 2017:4438-4446.

④ BAHDANAU D, CHO K, BENGIO Y. Neural machine translation by jointly learning to align and translate[EB/OL]. [2019-12-02]. https://arxiv.org/abs/1409.0473.

　　此时，解码器输出每个词语y_j，$j \in [1, m]$时，都仅考虑整个输入的语义信息，即上下文语义向量c。换而言之，解码器在输出词语时，输入序列$(x_1, ..., x_n)$中的任意词汇x_i，$i \in [1, n]$都起到了同等的作用。在基于注意力机制的编码器—解码器模型中，编码器将根据输入序列动态的计算上下文语义向量c_j，$j \in [1, m]$，然后解码器会在依据c_j来生成自然语言问句输出序列中的词y_j，如图4-6所示。

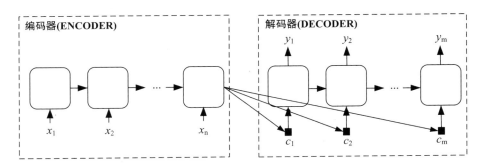

图4-6　基于注意力机制的编码器—解码器模型示意图

注：编码器和解码器内部结构已省略。

　　动态上下文语义向量c_j的计算方法如下：

$$c_j = \sum_{i=1}^{n} \alpha_{ji} h_i^L \text{ and } \alpha_{ji} = \frac{\exp(\sigma(h_{j-1}'^L, h_i^L))}{\sum_{i'} \exp(\sigma(h_{j-1}'^L, h_i^L))} \quad （公式4\text{-}15）$$

其中，σ是1个注意力函数，用于计算输入序列词语x_i和输出序列词语y_j之间的注意力强度关系。一般而言，σ可用参数化的前向神经网络（feedforward neural network）模拟。此外，h_i^L表示编码器第L层第i步的输出状态向量（见公式4-6）。$h_{j-1}'^L$表示解码器第L层第j-1步的输出状态向量（见公式4-10）。α_{ji}表示输出词语y_j和输入词语x_i之间的注意力强度得分。图4-7描述了注意力机制计算过程。

　　注意，动态的改变上下文语义向量$c \rightarrow c_j$，能够保证在生成输出序列的某个词y_j时，着重考虑输入序列中的某部分，而非整个输入序列，这也是基于注意力机制的编码器—解码器模型的基本思想所在。

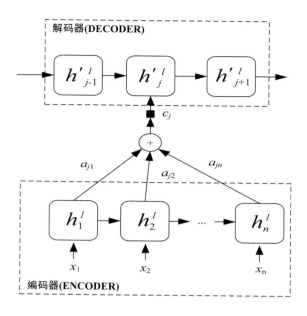

图4-7 注意力机制计算过程示意图

4.3.3 复制机制模型

为了实现"将输入序列中的部分信息原封不动地保留到输出序列中",李航带领的华为诺亚方舟实验室提出一种基于复制机制[①]（copy mechanism）的神经翻译模型。该神经网络模型在解码器生成输出序列时有能力将输入序列中某些单词直接复制到输出序列中。例如，如下对话：

> 输入：你好呀，我叫［阿冰］
>
> 输出：［阿冰］，你好，很高兴认识你

其中，［阿冰］为复制的部分。另外，复制机制被广泛地认为能够有效解决未登录词（out of vocabulary）问题[②]。基于复制机制构建神经翻译模型，其主要需要解决2个问题：

（1）复制什么（what to copy）：输入中的哪些部分应该被copy？

---

①② GU J, LU Z, LI H, et al. Incorporating copying mechanism in sequence-to-sequence learning[EB/OL]. [2019-12-02]. https://arxiv.org/pdf/1603.06393.pdf.

（2）粘贴位置（where to paste）：应该把这部分信息 paste 到输出的哪个位置？

值得注意的是，在问句生成的过程中，复制现象也非常常见，例如：

输入（用户关键词）：［10th President］［Inida］

输出（生成的自然语言问句）：Who was the ［10th President］ of ［India］？

其中，［10th President］和［India］都是输入中出现的信息。有鉴于此，本书认为将复制机制引入基于生成的关键词问句推荐方法是十分合理且必要的。通过引入复制机制，解码器生成自然语言问句输出序列第 i 个词（y_i）的概率为：

$$P(y_i|y_1, …, y_{i-1}, x) = P_g(y_i|y_1, …, y_{i-1}, x) + P_c(y_i|y_1, …, y_{i-1}, x) \quad （公式4-16）$$

公式4-16中，第一部分表示从词表 V 中生成词 y_i 的概率，第二部分则表示从输入句子中复制词 y_i 的概率：

$$P_c(y_i|y_1, …, y_{i-1}, x) = \frac{\exp(\phi_c(x_j))}{\sum_{j:x_j=y_i} \exp(\phi_c(x_j))}, x_j \in \chi \quad （公式4-17）$$

$$\phi_c(x_j) = \sigma(h_j^T W_c) s_t \quad （公式4-18）$$

其中，χ 表示输入句子中所有的词，σ 是个非线性函数，W_c 是需要学习的参数权重矩阵。

4.4 数据与实验

4.4.1 训练数据生成

如图4-1所示，在基于合成数据的神经翻译模型训练方法中，训练模型须利用种子训练集（T_0）、问句语料（Q）、关键词查询生成模型（KQGM）及过滤器（Filters）来生成大量的合成数据（T），并利用这些合成数据训练神经翻译模型（NMT），获取模型参数（W）。更具体地说，为了训练第4.3节中描述的神经翻译模型，需要数以百万计的查询问句数据对。与基于检索的用户问答查询推荐方法中训练神经排序模型的思路相似，本部分也将利用第2章提出的合成数据生成方法来构造合成训练数据集（T），然后用于训练神经翻译模型。

首先，本书使用第2.3.1节中自行构建的查询问句数据对集合作为种子训练集（T_0），该种子训练集共包含1000条人工标注的关键词问句对。

其次，本书基于维基知道（WikiAnswers）数据集[①]构建了大规模自然语言问句语料（Q）。由于用户问答查询推荐研究只关注自然语言问句，因此本书使用德罗（Dror）等[②]提出的启发式算法，过滤掉了维基知道（WikiAnswers）中的非自然语言问句。具体而言，实验中仅仅保留了以提问词（WH words）和助动词（auxiliary verbs）开头的问句。此外，本书根据对维基知道（WikiAnswers）数据集中问句长度分布的统计（见图4-8），实验中仅保留了长度在5—12个英文单词的自然语言问句（最高频的问句长度范围）。由此得到了3 168 878条自然语言问句复述簇，每个复述簇平均包含26.05条自然语言问句。我们随机从每个复述簇中选取1个自然语言问句，最终构成了1个包含3 168 878条自然语言问句的问句语料（Q）。

最后，基于问句语料（Q），实验使用关键词查询生成模型（KQGM）和过滤器（Filters）的不同组合方式，为神经翻译模型生成训练集。注意，为了探讨关键词查询生成模型（KQGM）和过滤器（Filters）的不同组合方式生成的训练数据对基于生成的用户问答查询推荐方法的影响，实验在不断改变合成数据生成方法组件（如关键词查询生成模型、过滤器等）的情况下，生成了多批训练数据，并最终训练了多个神经翻

---

① Wikianswers dataset[EB/OL]. [2019-12-10]. http://knowitall.cs.washington.edu/oqa/data/wikianswers/.

② DROR G, MAAREK Y, MEJER A, et al. From query to question in one click：suggesting synthetic questions to searchers[C]//Proceedings of the 22nd international conference on world wide web. New York：ACM，2013：391-402.

译模型，详情请见后文第4.5.1节。

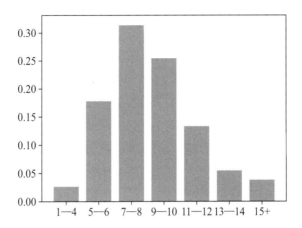

图4-8　维基知道（WikiAnswers）数据集问句长度分布图

注：横轴表示问句长度，"1—4"表示问句长度包含1—4个单词，"5—6"表示问句长度包含
5—6个单词，"9—10"表示问句长度包含9或10个单词，"11—12"表示问句长度包含11
或12个单词，"13—14"表示问句长度包含13或14个单词，"15+"表示用户查询包括15个
及以上单词。纵轴是指符合横轴长度的问句数量占总的问句数量百分比。

4.4.2　参数设置

在基于生成的用户问答查询推荐方法中，主要涉及："关键词查询生成模型（KQGM）的先验参数""合成数据过滤机制的参数配置""神经翻译模型的网络参数"三类参数。

关键词查询生成模型（KQGM）的先验参数需要预先设置，根据本书第2.4节的实验分析结果，可以确定关键词查询生成模型（KQGM）的最优先验参数数值。

在合成数据过滤机制方面，首先利用关键词查询生成模型对问句语料（Q）中的每个自然语言问句q均生成20个候选的关键词查询，且使用关键词查询过滤器（KDF）从中选择1个最佳的关键词查询k，与问句q组成查询问句数据对，共计生成3 168 878条查询问句数据对。然后，对于训练数据过滤器（TDF），对每个查询问句数据对，都使用SDM检索算法[1]从问句语料中获取100个相关问句，并获取这些问句的复述簇（C_q），然后根据公式4-3对这些问句进行质量打分和排序。

神经翻译模型网络参数设置上，首先，对于3个模型，实验选择了44 000条问句语料中出现频次最高的英文单词作为模型的词汇表。词向量的维度均被设置为100且使用[-0.1, 0.1]的均匀分布对词向量进行初始化。其次，实验使用200维的双向GRU[2]构建编码器，解码器则使用400维的双向GRU神经元结构，且编码器（encoder）和解码器的递归神经网络层数设置为1。网络的所有参数通过Adam[3]优化器进行优化求解，学习率设置为10^{-4}，梯度裁剪参数为0.1。为防止过拟合，实验过程中我们将网络Dropout率[4]设置为0.5。

4.4.3 对比方法

为验证神经翻译模型在用户问答查询推荐（生成）上的优越性，研究将三种神经翻译模型与以下两种方法进行了对比：

（1）序列依赖模型（SDM）

这是一种考虑词项之间序列依赖的排序得分模型，相较于其他检索模型，它能够更加偏向返回包含相同短语的自然语言问句。实际实验过程中，本书使用序列依赖模型（SDM）算法模型从问句语料（Q）得到个序列依赖模型（SDM）得分最高的自然语言问句。理论上来说，该

① METZLER D, CROFT W B. A markov random field model for term dependencies [C]//Proceedings of the 28th annual international ACM SIGIR Conference on research and development in information retrieval. New York：ACM,2005:472-479.

② SUNDERMEYER M, ALKHOULI T, WUEBKER J, et al. Translation modeling with bidirectional recurrent neural networks[C]//Proceedings of the 2014 conference on empirical methods in natural language processing（EMNLP）. Stroudsburg：ACL,2014:14-25.

③ KINGMA D P, BA J. Adam:a method for stochastic optimization[EB/OL]. [2019-12-02]. https://arxiv.org/pdf/1412.6980.pdf.

④ SRIVASTAVA N, HINTON G, KRIZHEVSKY A, et al. Dropout:a simple way to prevent neural networks from overfitting[J]. The journal of machine learning research,2014,15（1）:1929-1958.

自然语言问句从字面上与用户关键词查询重合度最高，序列依赖模型（SDM）方法中有3个需要预先设置的超参数$\{\lambda_T, \lambda_O, \lambda_U\}$，分别表示单词词项权重、有序词语共现组合权重和无序词语共现组合权重。根据经验，我们尝试了多个参数组合，最终将它们设置为$\{\lambda_T, \lambda_O, \lambda_U\} = \{0.80, 0.15, 0.05\}$

（2）基于模板的关键词问句推荐方法（TBM）

该方法首先从大量的关键词问句对数据中抽取问句模板，具体做法是将问句中出现的关键词查询词项用槽（slot）代替，然后关键词查询和带槽问句模板被存储到数据库D中。其次，新的用户查询到来时，方法从数据库D中找到相似的关键词查询和其对应的带槽问句模板，如果关键词查询的长度与带槽问句模板中的槽数相等，则可以将关键词查询填充进模板生成新的问句。最后，生成的多个候选问句被输入得分计算模型中进行排序，取得分最高的作为最优生成问句。实际实验过程中，本书参考原始文献[1]，使用第4.4.1节中生成的合成数据（T）作为抽取问句模板的查询问句数据对集合，且利用word2vec词向量计算词语之间的语义相似度，用于查找相似关键词查询。

另外，三种神经翻译模型分布为：

● EDNet：编码器—解码器神经翻译模型；

● AttNet：基于注意力机制的编码器—解码器神经翻译模型；

● CopyNet：基于注意力和复制机制的编码器—解码器神经翻译模型；

4.4.4　评价方法与指标

实验采用了两种评价方法：①自动评价，即将基于生成的用户问答查询推荐类比为机器翻译任务，使用机器翻译任务指标进行评价；②人工评价，即通过用户实验，获取用户对实验结果的真实评分。

---

[1]　DROR G，MAAREK Y，MEJER A，et al. From query to question in one click：suggesting synthetic questions to searchers[C]//Proceedings of the 22nd international conference on world wide web. New York：ACM，2013：391-402.

（1）自动评价

在基于生成的用户问答查询推荐中，本部分的自动评价方法的思路是：首先，获取测试数据集，数据集中包含很多人工标注好的查询问句数据对。其中每个查询问句数据对都被作为1条标准的答案，其获取方法大致为"假设用户有1个问题，询问其会使用的自然语言问句是什么，其会使用的关键词查询又是什么"；其次，给定查询问句数据对中的关键词查询作为输入，使用某个方法（即本章提出的基于生成的用户问答查询推荐方法）生成对应的自然语言问句；最后，将生成的自然语言问句与原始标准答案中的自然语言问句进行对比，若两者更加接近，表明方法效果较好，反之则说明方法效果不佳。

注意，本章引言部分已经将基于生成的用户问答查询推荐转化为了机器翻译任务："如果将用户输入关键词 $k = (x_1, ..., x_n)$ 作为原始输入序列，将推荐给用户的自然语言问句 $q = (y_1, ..., y_m)$ 视为输出序列，则可以很自然地将用户问答查询推荐转化为从用户关键词 k 到自然语言问句 q 的翻译问题，并采用神经翻译模型加以解决。"因此，本部分采用了ROUGE-N、ROUGE-L、BLEU等多个机器翻译评价指标对实验结果进行了评价。

ROUGE-N是一种基于n元（ngram）单词序列共现性统计的相似性度量方法。其基本思想是将系统生成的句子与人工生成的标准句子相对比，通过统计2个句子之间的重叠的n元单词序列的长度，来评价生成的结果质量。在基于生成的用户问答查询推荐中，实验取出人工标注好的关键词问句对 (k, q)，然后将关键词查询 k 输入基于生成的用户问答查询推荐系统模型 f 中，从而生成对应的自然语言问句 q'，再将人工标注的自然语言问句 q 和系统生成的自然语言问句 q' 进行对比，从而评价系统模型 f 的性能。ROUGE-N的具体计算公式如下：

$$\text{ROUGE-N} = \frac{\sum_{S \in \text{Ref}} \sum_{\text{gram}_n \in S} \text{Count}_{\text{match}}(\text{gram}_n)}{\sum_{S \in \text{Ref}} \sum_{\text{gram}_n \in S} \text{Count}(\text{gram}_n)} \quad （公式4-19）$$

其中，n表示ngram的长度；Ref表示参考句子，即人工标注自然语言问句；$\text{Count}_{\text{match}}(\text{gram}_n)$ 表示系统生成自然语言问句和人工标注自然语言问句中同时出现的ngram的个数；Count($gram_n$)表示人工标注自然语言问句中出现的ngram的个数。

　　BLEU是一种基于精确度的相似性度量方法，其主要分析参考语句（人工标注自然语言问句）和候选语句（系统生成的自然语言问句）中ngram共同出现的程度。BLEU的具体计算如下：

$$BLEU_N(C, S) = b(C, S)exp(\sum_{n=1}^{N}w_nlogCP_n(C, S))　　（公式4-20）$$

其中，N的取值范围一般为[1, 4]，而w_n一般取常数$\frac{1}{n}$。C和S分别表示候选语句和参考语句。另外，b(C, S)是个惩罚因子，具体计算如下：

$$b(C, S) = \begin{cases} 1, & if \quad L_c > L_s \\ e^{1-\frac{L_s}{L_c}} & L_c \leq L_s \end{cases}　　（公式4-21）$$

其中，L_c和L_s分别表示候选语句和参考语句的长度。注意，当存在多个参考语句时，L_s为与候选语句长度最接近的语句的长度。$CP_n(C, S)$是个表示对应语句重合精度的算子，其计算公式如下：

$$CP_n(C, S) = \frac{\sum_i \sum_k min(h_k(c_i), max_{j \in m}h_k(s_{ij}))}{\sum_i \sum_k h_k(c_i)}　　（公式4-22）$$

其中，c_i表示候选语句，而对应的一组参考语句可以表示为$S_i = \{s_{i1}, ..., s_{im}\}$。假设$w_k$表示第k组可能的ngram，则$h_k(c_i)$表示$w_k$在候选语句$c_i$中出现的次数，$h_k(s_{ij})$表示$w_k$在参考语句$s_{ij}$中出现的次数。更多关于ROUGE-N和BLEU的内容，请参考文献[1][2]。

──────────

　　[1]　LIN C Y. Rouge：a package for automatic evaluation of summaries[C]//Meeting of the association for computational linguistics. Stroudsburg：ACL，2004：74-81.

　　[2]　PAPINENI K, ROUKOS S, WARD T, et al. BLEU：a method for automatic evaluation of machine translation[C]//Proceedings of the 40th annual meeting on association for computational linguistics. Association for computational linguistics. Stroudsburg：ACL，2002：311-318.

表4-2　人工评价打分规则表

相关性	评分标准
0	The question either doesn't make sense or matches given keyword.
1	The question matches given keyword，more or less.
2	The question is meaningful and matches given keyword.
语法正确性	评分标准
0	Too many grammar errors in question，it can not be understood.
1	Few grammar errors in question，but it can be understood.
2	No grammar errors in question，it can be understood completely.

（2）人工评价

在基于生成的用户问答查询推荐中，本部分的人工评价方法的思路是：首先，获取测试数据集，数据集中包含一些真实的用户关键词查询；其次，给定关键词查询作为输入，使用多个方法（即本章提出的所有基于生成的用户问答查询推荐方法）生成对应的自然语言问句；最后，将不同方法生成的自然语言问句同时展示给用户，并让用户（实际实验中共邀请三位受试用户，且其母语均为英语）从不同的方面对这些生成的自然语言问句进行评分：①相关性（relevance），即在忽略细微的语法错误的条件下，从内容主题上看，生成的自然语言问句与原始用户关键词查询相关程度；②语法正确性（grammar），即反映生成的自然语言问句的语法正确性得分；具体的评分规则，如表4-2所示，评分一致性采用卡帕检验进行度量。

此外，用户在为自然语言问句打分的同时，还须对多种方法进行横向对比。具体而言，对于每个关键词查询，用户须比较多种方法生成的自然语言问句，并选择一句用户认为最佳的自然语言问句，且将生成最佳问句的对应方法的获胜（Wins）得分增加1。如果多种方法生成了同样的最佳问句，那么多种方法的获胜（Wins）得分均增加1。

4.5　结果评价与分析

4.5.1　自动评价结果分析

在第2章讨论合成数据生成时，研究已经人工标注了1000条查询问句数据对，本章实验将以这1000条查询问句数据对作为测试数据集合（T_0），来评价两种对比方法和3个神经翻译模型的性能。注意，关键词查询生成模型（KQGM）的参数训练和神经翻译模型（NMT）的参数权重训练是2个分离的过程。这1000条查询问句数据对（T_0）只是被用于估计关键词查询生成模型（KQGM）的参数，并没用被用于训练神经翻译模型（NMT），即训练神经翻译模型的训练数据（T）中实际上是不包含这1000条查询问句数据对数据的（T_0），因此它们可以被用于评价通过合成数据（T）训练的神经翻译模型。

（1）总体评价

基于第2章的初步实验结果分析可知，关键词查询生成的最佳组合为"基于复述的查询生成（paraphrase-based model）+基于组合的选词策略（combination selection）+短语识别（phrase detection）"。因此，实验首先采用该组合模型来为问句语料（Q）中的自然语言问句生成相应的关键词查询，产生合成数据集T用于训练三种神经翻译模型。此时，三种神经翻译模型与两种传统方法的自动评价结果指标如表4-3所示。

表4-3　自动评价结果汇总表

方法	ROUGE-L	ROUGE-1	ROUGE-2	BLEU
SDM	0.3650	0.4123	0.1940	0.2780
TBM	0.4357	0.5134	0.2056	0.2858
EDNet	0.4338	0.5236	0.2464	0.3045
AttNet	0.4945	0.5748	0.2877	0.3672
CopyNet	**0.5115**	**0.6074**	**0.3026**	**0.3718**

首先，对比基于模板的方法（TBM）和基于序列依赖模型的方法

（SDM），在所有指标上，基于模板的方法均优于基于序列依赖模型的方法。

其次，对比神经翻译模型和基于序列依赖模型的方法（SDM），结果发现在所有指标上，3个神经翻译模型（EDNet，AttNet，CopyNet）都优于基于序列依赖模型的方法（SDM）。其中CopyNet相较于SDM，分别在ROUGE-L、ROUGE-1、ROUGE-2、BLEU上提高了40.1%、47.3%、56.0%和33.7%。

再次，对比神经翻译模型和对比基于模板的方法（TBM），结果发现除了在ROUGE-L指标上，EDNet比TBM的得分略低之外，在其他所有指标上，3个神经翻译模型（EDNet，AttNet，CopyNet）都优于基于模板的方法（TBM）。

最后，横向对比三种神经翻译模型（EDNet，AttNet，CopyNet），结果发现注意力机制为编码器—解码器（Encoder-Decoder）神经翻译模型带来了显著的提升，其中ROUGE-L提高了13.99%，ROUGE-1提高了9.78%，ROUGE-2提高了16.76%，BLEU提高了20.59%。这很可能是因为，在合成数据生成方法中，生成的关键词查询可能会包含一些"无关词汇"（见第3.3.6节）。引入注意力机制后，神经翻译模型能够通过降低"无关词汇"的权重，并在生成自然语言问句时，减小"无关词汇"数据噪声对生成结果的影响。此外，复制机制同样为神经翻译模型带来了少量提升，其中ROUGE-L提高了3.44%，ROUGE-1提高了5.67%，ROUGE-2提高了5.18%，BLEU提高了1.25%。

（2）组件分析

为了更好地理解合成数据生成方法中各个组件对基于神经翻译模型的用户问答查询推荐方法的性能的影响，实验过程中为合成数据生成方法依次增加不同的组件，来控制生成多个合成数据训练集，并利用这些合成数据训练基于复制机制的神经翻译模型（CopyNet）。此外，本部分从还探讨了不同合成训练数据集大小对模型效果的影响，实验结果如图4-9所示。实验的组件搭配如下：

- **Baseline**：基于语言模型的查询生成（见第2.2.1节）+基于组合的选词策略（combination selection，见第2.2.3节）；
- **Par**：基于复述的查询生成（见第2.2.2节）+基于组合的选词策略；

- **Par+Ph**：上述基础上增加短语识别（Phrase detection）组件；

- **Par+Ph+KQF**：上述基础上增加关键词过滤器（KDF）组件；

- **Par+Ph+KQF+TDF**：上述基础上增加训练数据过滤器（TDF）组件。

注意前三种方法都没有使用关键词查询过滤器（KDF），即没有从生成的多个候选关键词查询中选取最优查询。此时，对于每个自然语言问句，这三种方法将随机的从20个生成的关键词查询中选取1个，并与原始自然语言问句配对成训练数据样本。

此外，仅有最后一种方法使用了训练数据过滤器（TDF），这代表着该方法对合成数据方法生成的300万条查询问句数据对进行了质量打分和按得分排序。其中得分最高的L个数据样本T_L被用于训练模型。对于未使用训练数据过滤器TDF的其他四种方法，实验随机为合成数据集T排序，并从中选择L个数据样本T_L用于训练模型。实验中反复执行随机过程多次，并报告多次试验的平均值结果。

根据图4-9的结果，我们可以做出如下推论：

第一，与第2章表2-1中的结果相似，在所有的关键词查询生成模型中Par+Ph模型获得了最优效果。基于复述的查询生成方法（Par）相较于基于语言模型的查询生成方法（baseline）在ROUGE-L和BLEU 2个评价指标上分别平均提升了6.37%和11.4%。然而短语识别组件（phrase detection）仅仅带来了较小的提升，其中ROUGE-L平均提升+0.13%，BLEU指标平均提升0.71%。

第二，对比Par+Ph和Par+Ph+KQF的结果可知，关键词查询过滤器（KDF）为最终的模型性能带来了显著的提升，其中ROUGE-L得分提升了13.4%，BLEU得分提升了16.3%。注意，加入关键词查询过滤组件之后，神经翻译模型的性能随着训练数据样本数量的增加开始呈现增长趋势。因此，通过关键词查询过滤器选择最优候选关键词查询对于本章提出的基于合成数据的神经翻译模型训练方法至关重要。

第三，Par+Ph+KQF+TDF大部分情况下均优于Par+Ph+KQF，这表明了训练数据过滤器（TDF）有能力正确的估计生成的查询问句数据对的质量。此外，该结果还表明使用质量更高的查询问句数据对能够训练出效果更佳的神经翻译模型。观察Par+Ph+KQF+TDF和Par+Ph+KQF的结果曲线，

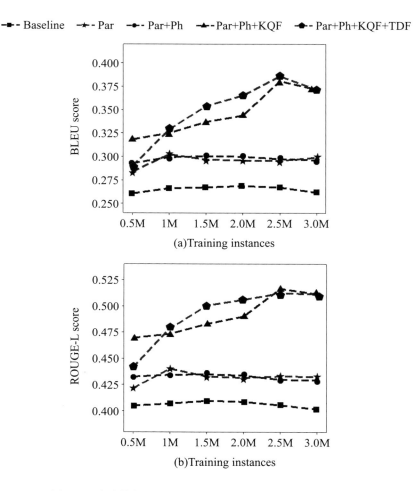

图4-9　合成数据生成方法中各个组件对基于神经翻译模型的
关键词问句推荐方法的影响

注：其中X轴表示训练数据样本大小L，Y轴表示评价指标BLEU或ROUGE-L得分。

当训练数据为L=0.5M时，Par+Ph+KQF的BLEU和ROUGE-L得分均远远高于Par+Ph+KQF+TDF，这与L>0.5M时其他结果不同。本书对L=0.5M时的训练数据样本进行了进一步分析，发现了导致这一异常现象的原因是词汇表不足问题（insufficient vocabulary issue）。图4-10解释了这一问题，其中X轴表示用于训练神经翻译模型的数据样本子集T_L的大小，Y轴表示该数据样本子集中出现的词语占词汇表总词语数的百分比。由图

4-10可知，当训练数据子集大小为0.5M时，Par+Ph+KQF+TDF方法训练神经网络模型时仅仅使用了总词汇表中74%的词语，而Par+Ph+KQF则使用了其中94%的词语。这可能是由于训练数据过滤器（TDF）是建立在搜索排序基础上的方法，这种基于搜索排序算法的过滤机制更加偏好于高频词语，而对于稀有词汇则效果较差。

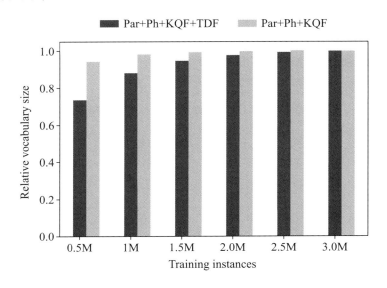

图4-10　合成训练数据词汇比例柱状图

注：X轴表示用于训练模型的合成数据子集T_L的大小L，Y轴表示T_L中包含的非重复单词相对T中出现的非重复词汇的比例。

4.5.2　人工评价结果分析

为了执行人工评价试验，实验首先采用Par+Ph+KQF+TDF生成合成数据T，并训练三种神经翻译模型。然后，选从雅虎L16（Yahoo L16）数据集中抽取了87个清晰度较高的用户关键词查询，注意雅虎L16（Yahoo L16）数据集对其中的每个查询都提供有1个对应的、人工标注的清晰度得分，该得分的范围为[0, 3]，趋近于0表示清晰明确，趋近于3表示模糊歧义，实验中选择了得分小于1.5的关键词查询。对于任一用户关键词查询，实验为其生成5个自然语言问句，这5个自然语言问句分别由两种传统方法（SDM、TBM）和三种神经翻译模型（EDNet、AttNet、CopyNet）生成。然后这5个自然语言问句被展示给三位受试用户，并按照第4.4.4节中所述的人工评价试验规则获取用户的人工评价结果。

表4-4显示了人工评价的实验结果，表中最终得分为87个关键词查询的评价得分。正如预期的那样，SDM方法在语法正确性上获得了最高得分，这是由于该方法是从问句语料中获取现存的人工编辑的自然语言问句。然而，SDM方法在相关性上的得分很低，这主要是因为仅当问句语料中存在与用户关键词查询非常相关的自然语言问句时，其才能为用户推荐符合要求的自然语言问句。

此外，与自动评价结果相似，比较AttNet和EDNet可知，增加注意力机制能够极大地提升模型的效果。比较CopyNet和AttNet，结果发现复制机制在相关性得分上，为模型带来了40.3%的提升。

表4-4 人工评价结果汇总表

方法	Relevance	Grammar	Wins
SDM	0.352	**1.643**	7.333
TBM	1.065	0.590	14.333
EDNet	0.569	0.682	6.666
AttNet	1.114	1.046	31.666
CopyNet	**1.563**	0.998	**36.000**
Kappa score	0.499	0.498	0.637

注：加粗字体表示最优结果。

4.5.3 案例分析与研究

谷歌（Google）搜索引擎提供了一种叫作"人们也会问"（People Also Ask）的服务，该服务与用户问答查询推荐任务有一定的相似性，因此实验将本研究提出的方法与"人们也会问"（People Also Ask）服务进行了对比。对于上文实验中所有被用于测试的关键词查询，我们将其手工输入谷歌（Google）搜索引擎，结果发现"人们也会问"（People Also Ask）仅能为其中34%的关键词查询生成相应的推荐问句。然而，用户问答查询推荐的目标是"理解用户关键词查询的潜在提问意图，为任意关键词查询推荐用户可能想提问的自然语言问句"。相对而言，"人们也会问"（People Also Ask）服务似乎聚焦于为用户提供与关键词查询部分相关的且常被其他用户搜索的、具有已知答案的问题。

表4-5提供了多个问句生成样例。由样例明显可见，SDM方法始终能够为用户推荐语法正确的自然语言问句，但是这些问句却常常是内容不相关的。CopyNet方法能够完整地理解原始关键词查询的核心语义，并为其生成相对单调缺极度相关的自然语言问句。此外，另外两种神经翻译模型似乎仅能够理解原始关键词查询的部分语义，从而生成主题相关却内容无关的自然语言问句，例如"什么是可爱的胸部？"（What are cute boobs？）和"在英国最受欢迎的是什么？"（What is the most popular in England？）。

表4-5　问句生成样例表

查询1：cute yaoi animes
[S] Do girls watch yaoi anime？
[T] Is it cute when yaoi are animes？
[E] Are there a good animes are cute？
[A] What are cute boobs？
[C] What are cute yaoi animes？
查询2：average price movie ticket 1987
[S] What is the average ticket price for a super bowl ticket？
[T] What is the average price of movie ticket 1987？
[E] What is the average price for a 1987 ticket in 1987？
[A] What is the average price for a movie ticket？
[C] What is the average price of the movie ticket in 1987？
查询3：popular Jobs England
[S] How big are Jobs feet？
[T] Who are popular sovereignty and Jobs England related？
[E] What is the most popular in England？
[A] Who is popular in England？
[C] How popular is Jobs in England？

　　本章主要探讨了如何构建神经翻译模型为关键词查询生成个最可能的自然语言问句。实际上，利用某些额外的技术[①②③]，如随机采样（random sampling）、集束搜索（beam search）等，神经翻译模型也可以为关键词查询生成多个候选自然语言问句。例如，给定关键词查询"关于教育的圣经经文"（Bible verse about education）输入的条件下，本章中训练所得的神经翻译模型，能够输出如下多个的自然语言问句：

What is the fugitive slave verse about education ?

What is the christ verse about education ?

What is the sacred verse about education ?

What does Bible verse say about education ?

　　然而，使用集束搜索（beam search）生成多样化自然语言问句的过程极不稳定，常常会生成非常荒谬的自然语言问句。研究新型的技术，作用于神经翻译模型，从而产生更多不同且可靠的结果，这依然是神经翻译模型基础研究中亟待解决的问题之一。

　　基于生成的用户问答查询推荐方法可以作为基于搜索的用户问答查询推荐方法的补充，比如将基于生成的用户问答查询推荐方法生成的自然语言问句放入基于搜索的用户问答查询推荐方法获取的候选问句列表中，然后再使用相关性得分函数重新计算候选问句列表中的所有问句得分，重排序后可以得到适用于任意关键词查询的结果列表。

---

① 　KARPATHY A. The unreasonable effectiveness of recurrent neural networks[EB/OL]. [2019-12-12]. https://karpathy.github.io/2015/05/21/rnn-effectiveness/.

② 　LI J, MONROE W, JURAFSKY D. A simple, fast diverse decoding algorithm for neural generation[EB/OL]. [2019-12-12]. https://arxiv.org/pdf/1611.08562v1.pdf.

③ 　VIJAYAKUMAR A K, COGSWELL M, SELVARAJU R R, et al. Diverse beam search：decoding diverse solutions from neural sequence models[EB/OL]. [2019-12-12]. https：//arxiv.org/pdf/1610.02424.pdf.

5 用户问答查询推荐结果多样化

5.1 概述

基于搜索和基于生成的路径解决了如何为用户关键词查询推荐提问意图相关的候选自然语言问句的难题。但是，在用户问答查询推荐实际应用场景中，用户不仅仅希望获取相关候选问句，更愿意看到多个提问意图不同的自然语言问句。图5-1说明了这一现象，对于关键词查询“警用扫描仪”（police scanner），用户问答查询推荐系统若返回2个提问意图完全相同的自然语言问句“在哪里可以买到便宜的警用扫描仪？”（Where to get an inexpensive police scanner？）和“我去哪里可以买到便宜的警用扫描仪？”（Where can I buy a cheap police scanner？），那么必然将影响用户的使用体验。在实际环境中，用户不希望推荐的自然语言问句中存在着这样的冗余，而是更希望获得候选列表，其中自然语言问句均与关键词查询的提问意图相关却不重复。

police scanner	Search
Does anyone know about police scanners?	√
Where to get an inexpensive police scanner?	√
How do I choose a police scanner?	√
How would I find police scanner frequencies in Ohio?	√
Where can I buy a cheap police scanner?	⊗

图5-1 用户问答查询推荐结果多样化示意图

在信息检索领域，虽然关于检索结果多样化的研究已经不少[①]，但是其中很多方法都是针对检索对象为长文本文档的情况。当检索对象为长文本文档时，由于文档包含很多词汇，能够覆盖很多子主题，因此一些基于子主题的多样化算法[②③]能够较为有效地提升结果多样化性能。而用户问答查询推荐中，目标对象是简短的自然语言问句，其包含的子主题数量极其有限，且表达的提问意图非常单一。如何针对自然语言问句，提出相应的推荐结果多样化算法，是用户问答查询推荐研究须面对的另一个挑战。

对于任意关键词查询k，可以使用基于搜索的用户问答查询推荐或者基于生成的用户问答查询推荐方法获得候选问句集合R_D，但是这个问句集合中可能存在着某些冗余的自然语言问句。本章的目标在于，研究如何对已知的候选问句集合R_D进行重排序，从而减少R_D列表顶部的冗余，增强用户问答查询推荐结果的多样化。更具体而言，即寻找1个重排序得分函数，使得：

① 张震宇,丁恒,王瑞雪,等. 基于标签语义距离的图像多样化检索[J]. 数字图书馆论坛,2017(2):34-39;陈飞,刘奕群,张敏,等. 基于查询子主题分类的多样性搜索评价方法[J]. 软件学报,2015,26(12):3130-3139;刘兴林. 信息检索多样化排序算法研究综述[J]. 中国科技信息,2014(16):33-35;SANTOS R L T, MACDONALD C, OUNIS I. Exploiting query reformulations for web search result diversification[C]//Proceedings of the 19th international conference on world wide web. New York:ACM,2010:881-890; RADLINSKI F, DUMAIS S. Improving personalized web search using result diversification[C]//Proceedings of the 29th annual international ACM SIGIR conference on research and development in information retrieval. New York:ACM,2006:691-692; SANTOS R L T, MACDONALD C, OUNIS I. Intent-aware search result diversification[C]//Proceedings of the 34th international ACM SIGIR conference on research and development in information retrieval. New York:ACM,2011:595-604.

② SANTOS R L T, PENG J, MACDONALD C, et al. Explicit search result diversification through sub-queries[C]//European conference on information retrieval. Berlin:Springer,2010:87-99.

③ ZHENG W, WANG X, FANG H, et al. An exploration of pattern-based subtopic modeling for search result diversification[C]//Proceedings of the 11th annual international ACM/IEEE joint conference on digital libraries. New York:ACM,2011:387-388.

$$S_d(q, R_D) \rightarrow R'_D \qquad （公式5-1）$$

其中，S_d表示多样化得分函数，q表示关键词查询，R_D表示初始化排序列表，R'_D表示重排序列表。

5.2　多样化算法

5.2.1　最大边界相关法

最大边界相关法[①]（maximal marginal relevance，简称MMR），是一种经典的隐式多样化排序方法。该方法将文档与查询的相关度和文档信息的新颖度结合起来对文档进行排序，其主要思想是通过迭代计算待排序文档与已排序文档之间的相关性，来确定某个待排序文档的新颖度，具体如公式5-2所示：

$$MMR := \mathop{argmax}_{d_i \in R_D|R'_D}[\lambda Sim(q, d_i)+(1-\lambda) \max_{d_j \in R'_D} Sim(d_i, d_j)] \quad （公式5-2）$$

其中，q表示查询，$d_i \in R_D$表示待排序文档，$d_j \in R'_D$表示已排序文档，R'_D表示重排序文档列表，R_D表示初始排序列表。对于任意d_i和d_j，存在$Sim(d_i, d_j)$表示2个自然语言问句的相似性。另外，$Sim(q, d_i)$表示关键词查询q与自然语言问句d_i之间的相关性，λ表示平滑参数。

为了更清晰地解释最大边界相关法（MMR）的迭代过程，本节提供了该方法的算法版本（算法5-1）。给定关键词查询q及初始化的排序列表R_D作为输入，其中$d_i \in R_D$表示初始化排序列表中的自然语言问句。算法的输出为R'_D，表示多样化重排序后的排序列表，$d_j \in R'_D$表示多样化重排序

---

① CARBONELL J G, GOLDSTEIN J. The use of MMR，diversity-based reranking for reordering documents and producing summaries[C]//Proceedings of the 21st annual international ACM SIGIR conference on research and development in information retrieval. New York：ACM, 1998.

列表中的自然语言问句。

首先，算法将初始化列表R_D中排序最高的自然语言问句d_1取出并放入重排序列表R'_D的最顶部（算法5-1第2—3行）；

其次，算法开始从R_D中寻找1个自然语言问句d，使得该问句与重排序列表R'_D之间的边界相关性得分Max_{MMR}最大（算法5-1第5—15行），找到d'之后，算法将d'从R_D中移到R'_D中（算法5-1第15—16行）；

最后，算法不停循环迭代，直到R_D中的所有文档均被移动到R'_D中（算法5-1第17行）。

Algorithm 5-1 : Maximal Marginal Relevance Algorithm

    Input : q，关键词查询；R_D，初始排序列表

    Output : R'_D，多样化排序列表

1 **begin**
2        $R_D \leftarrow$ **remove**(d_1) ;
3        $R'_D \leftarrow$ **insert**(d_1) ;
4   **repeat**
5            $Max_{MMR} = 0$;
6   **for** $d_i \in R_D$ **do**
7                $Max_{SIM} = 0$;
8   **for** $d_j \in R'_D$ **do**
9                    $Max_{SIM} = max(Max_{SIM}, Sim(d_i, d_j))$;
10   **done**
11                $Tmp_{MMR} = \lambda S(q, d_i) + (1-\lambda)Sim(d_i, d_j)$;
12                $Max_{MMR} = max(Tmp_{MMR}, Max_{MMR})$;
13   **done**
14            $d' \leftarrow$ **getMaxQuestion**(Max_{MMR}) ;
15            $R_D \leftarrow$ **remove**(d') ;
16            $R'_D \leftarrow$ **insert**(d') ;
17   **until** $R_D = \varnothing$;
18 **end**

算法5-1　最大边界相关多样化算法过程

5.2.2　显示查询多样化

显示查询方面多样化（explicit query aspect diversification，简称 xQuAD）[1][2]，是一种著名的显示检索结果多样化排序方法。其主要思想是，模糊查询往往可以有不同解释和不同方面（或称子主题），多样化排序结果列表应该尽可能地覆盖于查询相关的不同子主题的文档。其实际过程如下：

首先，为每个模糊查询 q 构建 1 个包含多个子主题的集合 $T=\{t_1, …, t_n\}$，其中每个子主题 t_i，$i \in [1, n]$ 都表示查询 q 的 1 个可能的潜在信息需求。其次，通过综合计算 4 个方面的得分来确定文档的最终排序。包括：①主题重要性，即子主题与原始查询的相关程度；②覆盖度，即文档与各个子主题的相关程度；③新颖性，通过文档与尚未被已排序文档覆盖的子主题的相关性来确定；④相关性，即文档与原始查询的相关程度。基于子主题的显示查询多样化方法（xQuAD）得分计算的具体公式如下：

$$xQuAD := (1-\lambda)P(d|q) + \lambda \sum_{t_i \in T}[P(t_i|q)P(d|t_i)\prod_{d_j \in R'_D}(1-P(d_j|t_i))] \qquad （公式5-3）$$

其中，R'_D 表示重排序后的结果列表；λ 是平滑参数；$P(d|q)$ 代表相关性，即文档 d 与原始查询 q 的相关程度；$P(d|q)$ 表示主题重要性，即子主题 t_i 与原始查询 q 的相关程度；$P(d|t_i)$ 代表覆盖度，即文档 d 与各个子主题 t_i 的相关程度；$\prod_{d_j \in R'_D}(1-P(d_j|t_i))$ 则表示新颖性，通过文档与尚未被已排序文档覆盖的子主题的相关性来确定。

基于显示查询多样化方法（xQuAD）的多样化方法中，模糊查询 q 的子主题集合 $T=\{t_1, …, t_n\}$ 对结果有一定的影响。探讨如何获得该子主题集

①　SANTOS R L T, MACDONALD C, OUNIS I. Exploiting query reformulations for web search result diversification[C]//Proceedings of the 19th international conference on world wide web. New York：ACM, 2010：881-890.

②　SANTOS R L T, PENG J, MACDONALD C, et al. Explicit search result diversification through sub-queries[C]//European conference on information retrieval. Berlin：Springer, 2010：87-99.

合的研究被统一称为子主题抽取[①]。

使用不同的子主题抽取方法，可能会导致显示查询多样化方法（xQuAD）多样化结果上的差异。本章的后续实验中，选取了一种基于搜索引擎日志的子主题抽取方法[②]，用于为关键词查询构建子主题集合T。该方法依赖于搜索引擎日志，一定程度上具有更好的泛化能力，能够适应更广泛的任务场景。

5.2.3　基于复述问句识别的重排序法

最大边界相关法（MMR）和显示查询多样化方法（xQuAD）均是针对长文本文档检索而提出的多样化算法。而用户问答查询推荐场景具有一定的独特性，与长文本文档多样化检索具有一定的差异。

首先，在用户问答查询推荐中，目标文档为自然语言问句。与长文本文档不同，这些自然语言问句都是非常简短的短文本。

其次，长文本文档由于文本字符很长，因此有可能保护很多个子主题。而自然语言问句极度简短，很多时候可能只包含1—3个子主题。

最后，在用户问答查询推荐中，主要考虑的是提问意图的相似性，而非主题相似性。因此，显示查询多样化方法（xQuAD）这种严重依赖子主题的方法可能并不适用。考虑如下自然语言问句"谁是米歇尔·奥巴马"（Who is Michelle Obama？）和"谁是娜塔莎·奥巴马？"（Who is Natasha Obama？），两者都包含"巴拉克·奥巴马"（Barack Obama）这个主题，且与"奥巴马家人"（Obama family）这个子主题相关。但是从提问意图上来看，这两个问题

---

①　HU Y, QIAN Y, LI H, et al. Mining query subtopics from search log data[C]// Proceedings of the 35th International ACM SIGIR conference on research and development in information retrieval. New York：ACM, 2012：305-314；WU Y, WU W, LI Z, et al. Mining query subtopics from questions in community question answering[C]//Twenty-Ninth AAAI conference on artificial intelligence. Menlo Park：AAAI, 2015；ZHENG W, FANG H. A comparative study of search result diversification methods[J]. Proceedings of DDR, 2011：55-62；冯晓华，陆伟，张晓娟. 检索结果多样化研究综述[J]. 情报学报, 2015（7）：776-784.

②　HU Y, QIAN Y, LI H, et al. Mining query subtopics from search log data[C]// Proceedings of the 35th international ACM SIGIR conference on research and development in information retrieval. New York：ACM, 2012：305-314.

完全不同，它们将得到2个不一样的答案。自然语言问句的提问意图与主题不同，它具有唯一性，即1个自然语言问句有且仅有1个明确的提问意图。

　　由于用户问答查询推荐结果多样化存在上述特殊性，其结果多样化的实质是降低排序列表顶部的复述问句出现的概率，即降低冗余性。因此，识别复述问句并对初始排序列表进行重新排序是一种自然的想法。本节提出一种基于复述问句识别的重排序法，用于提升关键词问句多样化，算法的大致思想如图5-2所示。

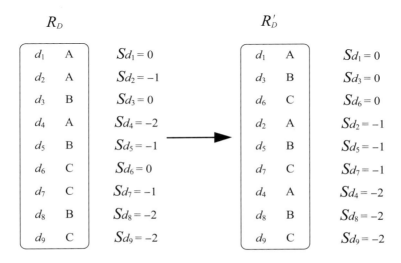

图5-2　基于复述问句识别的重排序法说明图

注：该方法通过计算初始排序列表R_D中每个自然语言问句$d_i \in R_D$的复述问句个数，从而生成新的多样化排序结果列表R'_D。

　　给定初始化排序列表$R_D = \{d_1, d_2, d_3, d_4, d_5, d_6, d_7, d_8, d_9\}$和其对应的提问意图$I = \{A, A, B, A, B, C, C, B, C\}$。对于自然语言问句$d_2$，在初始排序列表$R_D$中，排序在其之上的文档集合$R_{[d_1:d_2]}$中，存在1个复述问句$d_1$。因此，记其多样化得分为-1。对于自然语言问句$d_6$，排序在其之上的文档集合$R_{[d_1:d_6]}$中，不存在$d_6$的复述问句，所以多样化得分设置为0。

　　这种方法，可以为列表中R_D中的所有文档d_i，$i \in [1, 9]$计算对应的多样化得分$f_d(d_i, R_{[d_1:d_i]})$，并生成相应的重排序结果列表R'_D。由图5-2

可见，重排序后拥有不同提问意图的自然语言问句被均匀地分布在排序列表 R'_D 中。得益于深度学习的发展，复述问句识别已成了能够解决的问题[①②③]。现有研究大多将复述问句识别转化成1个二分类任务，其目标是构建1个二分类器 f_c：

$$f_d(d_i, d_j) = \begin{cases} 1, 若\,d_i\,是\,d_j\,复述问句 \\ 0, 反之 \end{cases} \qquad （公式5-4）$$

其中，d_i 和 d_j 表示2个不同的自然语言问句。目前，多数研究都采用了相似的框架：①首先，通过基于双向长短时记忆神经元（Bidirectional LSTM）[④]的网络将自然语言问句 d_i 和 d_j 编码成语义向量 $\vec{d_i}$ 和 $\vec{d_j}$；②然后，使用 softmax 分类器判别 d_i 是否是 d_j 的复述问句。

5.2.4　基于复述问句识别的过滤法

另一种更加直观的想法，则是将复述问句从初始排序列表中剔除（过滤掉），即给定1个排序列表 $R_D = \langle d_1, ..., d_m \rangle$，依次考虑自然语言问句 d_i，与前置排序列表 $R_{pre} = \langle d_1, ..., d_{i-1} \rangle$，如果存在 d_j，$j \in [1, i-1]$ 与 d_i 互为复述问句，那么则从 R_D 中过滤掉 d_i。算法5-2描述了使用基于复述问句识别的过滤法对用户问答查询推荐结果多样化的过程。

基于复述问句识别的过滤法首先建立了1个空的多样化排序列表 R'_D；然后算法从初始化排序列表 $R_D = \langle d_1, ..., d_m \rangle$ 的顶部开始遍历，每次取出1个自然语言问句 d_i，并且将排在自然语言问句 d_i 之前的所有问句 $R_{pre} = \langle d_1, ..., d_{i-1} \rangle$ 作为前置列表。之后，算法开始遍历前置列表 $R_{pre} = \langle d_1, ..., d_{i-1} \rangle$，

① MUELLER J, THYAGARAJAN A. Siamese recurrent architectures for learning sentence similarity[C]//Thirtieth AAAI conference on artificial intelligence. Menlo Park：AAAI, 2016:2786-2792.

② LIU Y, SUN C, LIN L, et al. Learning natural language inference using bidirectional LSTM model and inner-attention[EB/OL]. [2019-12-12]. https://arxiv.org/abs/1605.09090.

③④ GRAVES A, JAITLY N, MOHAMED A. Hybrid speech recognition with deep bidirectional LSTM[C]//2013 IEEE workshop on automatic speech recognition and understanding. Piscataway：IEEE, 2013:273-278.

针对 d_i 和前置列表 $R_{pre} = \langle d_1, ..., d_{i-1} \rangle$，算法利用1个复述问句识别器 f_c，依次比较 d_i 和前置列表 $R_{pre} = \langle d_1, ..., d_{i-1} \rangle$ 中的每个自然语言问句 d_j，$j \in [1, i-1]$，一旦发现存在某个自然语言问句 d_j 是自然语言问句 d_i 的复述问句，则停止遍历前置列表。如果前置列表遍历结束都没有发现任何1个问句是自然语言问句 d_i 的复述问句，则将 d_i 放入多样化排序列表 R'_D。

Algorithm 5-2：基于复述问句识别的过滤法

    Input：$R_D = \langle d_1, ..., d_m \rangle$ initial ranking

    Output：R'_D，diverse ranking

1 **begin**

2      $R'_D \leftarrow []$;

3   **for** $d_i \in R_D$ **do**

4          $R_{pre} = \langle d_1, ..., d_{i-1} \rangle$

5   **for** $d_j \in R_{pre}$ **do**

6             $r = f_c(d_i, d_j)$;

7   **if** $r == 1$ **then**

8   **break** ;

9   **done**

10   **done**

11          $R'_D \leftarrow d_i$;

12   **done**

13 **end**

算法5-2　基于复述问句识别的过滤法

基于复述问句识别的重排序法和基于复述问句识别的过滤法都需要依赖复述问句识别分类器 f_c，而目前复述问句识别依然是个极具挑战性的研究热点。鉴于复述问句识别并非本研究的核心，因此本书直接借用了现有的研究成果，实现了基于复述问句重排序法和过滤法中的复述问句识别部分，更多详细的步骤可参见文献[①]。

---

① MUELLER J, THYAGARAJAN A. Siamese recurrent architectures for learning sentence similarity[C]//Thirtieth AAAI conference on artificial intelligence. Menlo Park：AAAI,2016.

5.3　实验设置

5.3.1　过程说明

在执行多样化实验的过程中，主要有 2 个核心步骤，即：①获取初始排序列表 R_D；②获取多样化排序列表 R'_D。对于初始排序列表 R_D，可以采用基于搜索的关键词问句推荐方法（见第 3 章）或者基于生成的关键词问句推荐方法（见第 4 章）获得。为了简化实验，本章实验直接借用第 3 章介绍的五种基于搜索的关键词问句推荐方法的结果：

- MQ2QC，即采用 MQ2QC 方法获取初始排序列表 R_D；
- IBLM，即采用 IBLM 方法获取初始排序列表 R_D；
- DRMM，即采用 DRMM 方法获取初始排序列表 R_D；
- MatchPyramid，即采用 MatchPyramid 方法获取初始排序列表 R_D；
- CNMNN，即采用 CNMNN（SDF+MF）方法获取初始排序列表 R_D。

获取初始排序列表 R_D 之后，实验使用本章介绍的四种多样化方法获得多样化重排序列表 R'_D：

- MMR，最大边界相关法，其中自然语言问句相似性得分基于 TF-IDF 和余弦相似度公式计算，平滑参数 λ 则通过五折交叉检验估计；
- xQuAD，显示查询多样化法，其中子主题抽取采用文献[1]所述方法，针对每个关键词查询，其对应的子主题集合均从谷歌搜索引擎服务中获得，平滑参数 λ 通过五折交叉检验估计；
- Rerank，基于复述问句的重排序法，复述问句识别部分采用文献[2]所述神经网络模型，该模型在复述问句识别公开数据集上训练而得；

---

[1]　HU Y, QIAN Y, LI H, et al. Mining query subtopics from search log data[C]// Proceedings of the 35th international ACM SIGIR conference on research and development in information retrieval. New York：ACM，2012：305-314.

[2]　MUELLER J, THYAGARAJAN A. Siamese recurrent architectures for learning sentence Similarity[C]//Thirtieth AAAI conference on artificial intelligence. Menlo Park：AAAI，2016：2786-2792.

● Filter，基于复述问句的过滤法，复述问句识别部分与基于复述问句
势必得的重排序法（Rerank）方法相同。

最终实验共计尝试 $5 \times 4 = 20$ 种方法组合。具体而言，在第3章中，已
经获得了100个真实的用户关键词查询在MQ2QC等方法上的结果。对于
每个结果，实验取排序前40的自然语言问句，作为初始化排序列表 R_D。
然后，本章所述的多样化算法分别作用于每个 R_D，从而获得新的多样化
最优排序，其中排序前20的自然语言问句作为最后用于评价的结果列表
R'_D。此外，本实验中使用quora.com复述问句对数据集[①]，用于训练文献[①]
中所述的复述问句识别分类器。

5.3.2　数据标注与处理

在获得初始化列表 R_D 之后，三位标注者通过共同讨论，确定列表 R_D
中的那些问句具有相同的提问意图，即相互属于复述问句。然后提问意图
相同的自然语言问句被分配同样的提问意图标识符，最终形成Trec格式的
qrels文件。如图5-3所示，其中第一列表示关键词查询ID，第二列表提问
意图标识符，第三列表示自然语言问句ID，第四列表示自然语言问句和关
键词查询是否相关。图中前三行的提问意图标识符均为1，这表示自然语
言问句1666812、234040、1161882互为复述问句，具有相同的提问意图。

```
10    1    1666812    1
10    1    234030     1
10    1    1161882    1
10    2    2085947    1
10    2    698810     1
10    3    1759938    1
10    3    948628     1
10    3    510456     1
10    3    525636     1
10    3    1034131    1
10    4    1619065    1
```

图5-3　Trec qrels文件格式说明图

---

① Quora dataset[EB/OL]. [2019-12-12]. https://data.quora.com/First-Quora-Dataset-Release-Question-Pairs.

5.3.3　评价指标

为了有效评价不同的方法组合在关键词问句多样化任务上的效果，实验采用ERR-IA和α-nDCG两类检索结果多样化评价指标。

α-nDCG[①]是一种基于nDCG[②]拓展的评价指标，该方法奖励含新的子主题文档的α-nDCG值，惩罚包含已有子主题文档的α-nDCG值。在关键词问句推荐中，不需要考虑主题，而是要考虑提问意图，即奖励含有新的提问意图的自然语言问句，惩罚已经出现过的复述问句。α-nDCG@k的具体计算如公式5-5所示：

$$\alpha\text{-nDCG@k} = \frac{\sum_{r=1}^{k} NG(r)/\log(r+1)}{\sum_{r=1}^{k} NG\times(r)/\log(r+1)}$$
（公式5-5）

其中，NG(r)代表排序列表中在位置r的文档（自然语言问句）的新颖性收益，NG×(r)代表理想排序列表中在位置r的文档（自然语言问句）的新颖性收益。NG(r)可通过公式5-6计算：

$$NG(r) = \sum_{T} J(R(r), t)(1-\alpha)^{C_t(r-1)}$$
（公式5-6）

其中，R表示排序列表，α是惩罚因子，T是子主题集合（提问意图集合），t表示某个提问意图，$C_t(r-1)$是包含第t个提问意图的r-1排名内观察到的文档数目，$C_t(r-1)$的具体计算为公式5-7：

$$C_r(r-1) = \sum_{k=1}^{r-1} J(R(k), t)$$
（公式5-7）

①　CLARKE C L A, KOLLA M, CORMACK G V, et al. Novelty and diversity in information retrieval evaluation[C]//Proceedings of the 31st annual international ACM SIGIR conference on research and development in information retrieval. New York：ACM,2008：659-666.

②　JÄRVELIN K, KEKÄLÄINEN J. Cumulated gain-based evaluation of IR techniques[J]. ACM transactions on information systems,2002,20（4）:422-446.

更多详细内容请参考文献[1][2]。

ERR-IA[3][4]也是一种检索结果多样化评价指标,对于1个关键词查询的结果列表,其首先单独计算排序列表中每个提问意图的ERR值,然后计算整个排序列表的加权平均值。ERR-IA@k的具体计算如下:

$$ut(i, r) = \sum_{r=1}^{n} \frac{1}{r} \prod_{j=1}^{r-1} (1-P(R_j)) \qquad （公式5-8）$$

$$ERR\text{-}IA@k = \sum_{i=1}^{|I|} P(i|q)ut(i, r) \qquad （公式5-9）$$

其中,n表示排序列表中的文档(自然语言问句)数目,$P(R_r)$表示1个相关的文档(自然语言问句)排在列表第r个位置上的概率,$\prod_{j=1}^{r-1}(1-P(R_j))$表示排序列表前r-1个文档(自然语言问句)没有满足用户提问需求的概率,i表示某个提问意图,q表示关键词查询,P(i|q)表示给定关键词查询q时,提问意图i的似然概率。更多详细内容请参考文献[1][2]。

5.4　结果分析

实验结果如表5-1所示,结果表中共包括五组实验结果,每组实验都采用一种基于搜索的用户问答查询推荐方法来获取初始化排序列表R_D,之后四种多样化算法作用于初始化排序列表,获得对应的多样化结果列表,各组实验结果已用粗线隔开。

①　CLARKE C L A, KOLLA M, CORMACK G V, et al. Novelty and diversity in information retrieval evaluation[C]//Proceedings of the 31st annual international ACM SIGIR conference on research and development in information retrieval. New York: ACM, 2008: 659-666.

②　JÄRVELIN K, KEKÄLÄINEN J. Cumulated gain-based evaluation of IR techniques[J]. ACM transactions on information systems, 2002, 20(4): 422-446.

③　LEELANUPAB T, ZUCCON G, JOSE J M. Is intent-aware expected reciprocal rank sufficient to evaluate diversity？[C]//European conference on information retrieval. Berlin: Springer, 2013: 738-742.

④　CHAPELLE O, JI S, LIAO C, et al. Intent-based diversification of web search results: metrics and algorithms[J]. Information retrieval, 2011, 14(6): 572-592.

表 5-1　用户问答查询推荐多样化实验结果表

方法	ERR-IA			α-nDCG		
	@5	@10	@20	@5	@10	@20
MQ2QC	0.122	0.140	0.153	0.407	0.412	0.479
+MMR	0.126	0.144	0.155	0.442	0.444	0.487
+xQuAD	0.116	0.134	0.139	0.402	0.398	0.457
+Rerank	0.124	0.141	0.156	0.412	0.415	0.482
+Filter	0.143	0.161	0.170	0.486	0.478	0.504
IBLM	0.124	0.144	0.151	0.417	0.447	0.464
+MMR	0.131	0.150	0.160	0.436	0.448	0.473
+xQuAD	0.104	0.135	0.148	0.406	0.415	0.433
+Rerank	0.124	0.142	0.155	0.385	0.403	0.463
+Filter	0.145	0.165	0.172	0.472	0.481	0.491
DRMM	0.079	0.109	0.136	0.427	0.440	0.468
+MMR	0.097	0.017	0.133	0.441	0.443	0.504
+xQuAD	0.087	0.101	0.112	0.367	0.402	0.462
+Rerank	0.089	0.110	0.128	0.379	0.412	0.482
+Filter	0.102	0.122	0.138	0.439	0.453	0.510
MatchPyramid	0.114	0.125	0.139	0.475	0.484	0.538
+MMR	0.127	0.148	0.163	0.522	0.527	0.569
+xQuAD	0.112	0.140	0.153	0.481	0.493	0.559
+Rerank	0.117	0.139	0.156	0.472	0.489	0.557
+Filter	0.133	0.155	0.169	0.542	0.542	0.579
CNMNN	0.163	0.178	0.192	0.656	0.663	0.703
+MMR	0.187	0.207	0.223	0.725	0.684	0.730
+xQuAD	0.166	0.181	0.195	0.648	0.645	0.709
+Rerank	0.169	0.193	0.213	0.649	0.643	0.711
+Filter	**0.195**	**0.219**	**0.234**	**0.735**	**0.714**	**0.738**

　　首先，在不使用任何多样化方法的条件下，实验比较各个基于搜索的用户问答查询推荐方法的推荐结果多样化效果。结果发现CNMNN方

法在所有评价指标上均表现出最优性能，其ERR-IA@5、ERR-IA@10和
ERR-IA@20得分分别为0.163、0.178和0.192，α-nDCG@5、α-nDCG@10和
α-nDCG@20得分分别为0.656、0.663和0.703。DRMM方法在ERR-IA@5、
ERR-IA@10和ERR-IA@20都表现最差，而MQ2QC方法在α-nDCG@5和
α-nDCG@10上得分最低。IBLM模型在α-nDCG@20得分仅为0.464。我们
认为CNMNN较其他几种方法得分更高的原因是，CNMNN神经排序模型
比其他方法返回了更多的相关自然语言问句，从而导致了多样化评价指标
ERR-IA@k和α-nDCG@k得分更高（ERR-IA@k和α-nDCG@k计算得分时会
奖励排序列表中的相关文档）。

其次，在给定R_D初始化方法的条件下（即使用同一种基于搜索的用
户问答查询推荐方法时），基于复述问句识别的过滤法（Filter）始终能
够获得更高的ERR-IA@k和α-nDCG@k得分；而最大边界相关法（MMR）
和基于复述问句势必得的重排序法（Rerank）则表现出比较接近的性能，
有时最大边界相关法比基于复述问句势必得的重排序法更好，有时则正
好相反。显示查询多样化方法（xQuAD）未能体现出效用（得分始终不
高），这可能是因为显示查询多样化方法（xQuAD）是一种依赖于子主题
的检索多样化算法，而用户问答查询推荐结果多样化情景下更多是从提
问意图的角度考虑，而非主题视角。主题差异不能够有效反映提问意图
上的差异，因此我们认为显示查询多样化方法（xQuAD）很难适用于用
户问答查询推荐。

再次，在ERR-IA@5、ERR-IA@10和ERR-IA@20上，基于复述问句
识别的过滤法（filter）分别平均带来了19.9%、17.7%和14.0%的提升；而
在α-nDCG@5、α-nDCG@10和α-nDCG@20上，Filter则分别平均带来了
12.3%、9.3%和6.5%的提升。

最后，在所有的方法组合中，CNMNN+Filter获得了最高得分，其
ERR-IA@k，$k \in \{5, 10, 20\}$分别为0.195，0.219和0.234，α-nDCG@k，
$k \in \{5, 10, 20\}$，分别为0.735，0.714和0.738。

参考文献

中文文献

［1］蔡宇,杨广超. 基于语义核函数的问句检索系统的实现[J]. 情报科学,2011（11）:1671-1676.

［2］陈飞,刘奕群,张敏,等. 基于查询子主题分类的多样性搜索评价方法[J]. 软件学报,2015,26（12）:3130-3139.

［3］冯晓华,陆伟,张晓娟. 检索结果多样化研究综述[J]. 情报学报,2015,34（7）:776-784.

［4］刘斌,陈桦. 向量空间模型信息检索技术讨论[J]. 情报杂志,2006,25（7）:92-93.

［5］陆伟,程齐凯. 一种基于加权网络和句子窗口方案的信息检索模型[J]. 情报学报,2013,32（8）:797-804.

［6］罗成,刘奕群,张敏,等. 基于用户意图识别的查询推荐研究[J]. 中文信息学报,2014,28（1）:64-72.

［7］王珏,周志华,周傲英. 机器学习及其应用[M]. 北京:清华大学出版社,2006.

［8］吴友政,赵军,段湘煜,等. 问答式检索技术及评测研究综述[J]. 中文信息学报,2005,19（3）:1-13.

［9］熊大平,王健,林鸿飞. 一种基于LDA的社区问答问句相似度计算方法[J]. 中文信息学报,2012,26（5）:40-45.

［10］张伟男,都云程,张宇,等. 面向问句检索的词项赋权研究[J]. 智能计算机与应用,2013,3（5）:54-57.

［11］张伟男,张宇,刘挺. 一种面向社区型问句检索的主题翻译模型[J]. 计算机学报,2015,38（2）:313-321.

[12] 张震宇,丁恒,王瑞雪,等. 基于标签语义距离的图像多样化检索[J]. 数字图书馆论坛,2017(2):34-39.

[13] 郑实福,刘挺,秦兵,等. 自动问答综述[J]. 中文信息学报,2002,16(6):46-52.

外文文献

[14] AGARWAL M, MANNEM P. Automatic gap-fill question generation from text books[C]// The workshop on innovative use of nlp for building educational applications. Portland:Association for Computational Linguistics,2011.

[15] AGRAWAL R, GOLLAPUDI S, HALVERSON A, et al. Diversifying search results[C]// Acm international conference on web search & data mining. Barcelona:ACM, 2009.

[16] ASADI N, METZLER D, ELSAYED T, et al. Pseudo test collections for learning web search ranking functions[C]// International ACM SIGIR conference on research and development in information retrieval. Bejing:ACM,2011.

[17] AZZOPARDI L, RIJKE M D. Automatic construction of known-item finding test beds[C]// International ACM SIGIR conference on research and development in information retrieval. Seattle:ACM,2006.

[18] AZZOPARDI L, RIJKE M D, BALOG K. Building simulated queries for known-item topics:an analysis using six european languages[C]// International ACM SIGIR conference on research and development in information retrieval. Amsterdam:ACM, 2007.

[19] BERENDSEN R, TSAGKIAS M, RIJKE M D, et al. Generating pseudo test collections for learning to rank scientific articles[C]// International conference of the cross-language evaluation forum for European languages. Berlin:Springer,2012.

[20] BERENDSEN R, TSAGKIAS M, WEERKAMP W, et al. Pseudo test collections for training and tuning microblog rankers[C]// International conference on research on development in information retrieval. Dublin:ACM,2013.

[21] BURGES C J C. From ranknet to lambdarank to lambdaMART:an overview. microsoft research technical report MSR-TR-2010-82[R]. Microsoft Research, Redmond, WA, 2010.

[22] CAO H, JIANG D, PEI J, et al. Context-aware query suggestion by mining click-through and session data[C]//Proceedings of the 14th ACM SIGKDD international conference on knowledge discovery and data mining. Las Vegas: ACM, 2008.

[23] CAO X, CONG G, CUI B, et al. The use of categorization information in language models for question retrieval[C]// ACM conference on information & knowledge management. Hong Kong: ACM, ACM, 2009.

[24] CAO Z, QIN T, LIU T Y, et al. Learning to rank: from pairwise approach to listwise approach[C]// International conference on machine learning. Corvallis: ACM, 2007.

[25] CHAPELLE O, JI S, LIAO C, et al. Intent-based diversification of web search results: metrics and algorithms[J]. Information retrieval, 2011, 14(6): 572-592.

[26] CLARKE C L A, KOLLA M, CORMACK G V, et al. Novelty and diversity in information retrieval evaluation[C]// International ACM SIGIR conference on research and development in information retrieval. Singapore: ACM, 2008.

[27] CURTO S, MENDES A C, COHEUR L. Question Generation based on Lexico-Syntactic Patterns Learned from the Web[J]. Dialogue & Discourse, 2012, 3(2): 147-175.

[28] DANG V, XUE X, CROFT W B. Inferring query aspects from reformulations using clustering[C]// ACM international conference on information and knowledge management. Glasgow: ACM, 2011.

[29] DEHGHANI M, ZAMANI H, SEVERYN A, et al. Neural ranking models with weak supervision[C]//Proceedings of the 40th international ACM SIGIR conference on research and development in information retrieval. Shinjuku: ACM, 2017.

[30] DOU Z, HU S, CHEN K, et al. Multi-dimensional search result diversification[C]// Proceedings of the fourth ACM international conference on web search and data mining. Hong Kong: ACM, 2011.

[31] DROR G, MAAREK Y, MEJER A, et al. From query to question in one click: suggesting synthetic questions to searchers[C]//Proceedings of the 22nd international conference on world wide web. New York: ACM, 2013.

[32] GAO J, NIE J Y, WU G, et al. Dependence language model for information retrieval[C]// International ACM SIGIR conference on research and development in information retrieval. Sheffield: ACM, 2004: 170-177.

[33] GAO Y, CHEN L, LI R, et al. Mapping queries to questions: towards understanding users' information needs[C]//Proceedings of the 36th international ACM SIGIR conference on research and development in information retrieval. Dublin: ACM, 2013.

[34] GARIGLIOTTI D, BALOG K. Generating query suggestions to support task-based search[C]//Proceedings of the 40th international ACM SIGIR conference on research and development in information retrieval. Shinjuku: ACM, 2017.

[35] GATES D. Generating look-back strategy questions from expository texts[C]//The workshop on the question generation shared task and evaluation challenge. Arlington: NSF, 2008.

[36] GU J, LU Z, LI H, et al. Incorporating copying mechanism in sequence-to-sequence learning[C]//Proceedings of the 54th annual meeting of the association for computational linguistics. Berlin: Association for Computational Linguistics, 2016.

[37] GUO J, FAN Y, AI Q, et al. A deep relevance matching model for adhoc retrieval[C]//Proceedings of the 25th ACM international on conference on information and knowledge management. Indianapolis: ACM, 2016.

[38] HEILMAN M. Automatic factual question generation from text[D]. Pittsburgh: Carnegie Mellon University, 2011.

[39] HIROSHI I, KEITA H, Taiichi H, et al. Efficient sentence retrieval based on syntactic structure[C]// Coling/acl on main conference poster sessions. Sydney: Association for Computational Linguistics, 2006.

[40] HU Y, QIAN Y, LI H, et al. Mining query subtopics from search log data[C]// Proceedings of the 35th international ACM SIGIR conference on research and development in information retrieval. Portland: ACM, 2012.

[41] JI Z, XU F, WANG B. A Category-integrated language model for question retrieval in community question answering[C]// Asia information retrieval symposium. Berlin: Springer, 2012.

[42] JIANG L L, CHANG S, DANDEKAR N. Semantic question matching with deep learning[EB/OL]. [2019-12-12]. https://www.quora.com/q/quoraengineering/Semantic-Question-Matching-with-Deep-Learning.

[43] JIN H L, RENEAR A, SMITH L C. Known-item search: variations on a concept[J].

Proceedings of the american society for information science & technology,2006,43（1）:1-17.

[44] KIM Y, CROFT W B. Diversifying query suggestions based on query documents[C]// Proceedings of the 37th international ACM SIGIR conference on Research & development in information retrieval. Gold Coast:ACM,2014.

[45] KOTOV A, ZHAI C X. Towards natural question guided search[C]// International conference on world wide web. Raleigh:ACM,2010.

[46] LEELANUPAB T, ZUCCON G, Jose J M. Is intent-aware expected reciprocal rank sufficient to evaluate diversity?[C]//European Conference on Information Retrieval. Berlin: Springer,2013.

[47] LI S, MANANDHAR S. Improving Question Recommendation by Exploiting Information Need[C]// The meeting of the association for computational linguistics:human language technologies, proceedings of the conference. Portland:ACM,2011.

[48] MA H, LYU M R, KING I. Diversifying query suggestion results[C]// Twenty-Fourth AAAI Conference on Artificial Intelligence. Atlanta:AAAI Press,2010.

[49] MEI Q, ZHOU D, CHURCH K. Query suggestion using hitting time[C]// ACM Conference on Information and Knowledge Management. Napa Valley:ACM,2008.

[50] MUELLER J, THYAGARAJAN A. Siamese recurrent architectures for learning sentence similarity[C]// Thirtieth AAAI conference on artificial intelligence. Phoenix:AAAI Press,2016.

[51] MURDOCK V, CROFT W B. Simple translation models for sentence retrieval in factoid question answering[C]// Proceedings of the Special Interest Group on Information Retrieval.Sheffield:ACM,2004.

[52] MURDOCK V, CROFT W B. A translation model for sentence retrieval[C]// Conference on human language technology and empirical methods in natural language processing. Association for Computational Linguistics. Ann Arbor:ACM,2005.

[53] NARENDRA A, AGARWAL M, SHAH R. Automatic cloze-questions generation[C]//Proceedings of the international conference Recent advances in natural language processing RANLP 2013.Hissar: INCOMA Ltd. Shoumen, BULGARIA,2013.

[54] NGUYEN T N, KANHABUA N. Leveraging dynamic query subtopics for time-aware search result diversification[C]//European conference on information Retrieval. Switzerland:

Springer International Publishing, 2014.

[55] OGILVIE P, CALLAN J. Combining document representations for known-item search[C]// Proceedings of the 26th annual international ACM SIGIR conference on research and development in informaion retrieval. Toronto: ACM, 2003.

[56] PANG L, LAN Y, GUO J, et al. Text Matching as Image Recognition[C]//Thirtieth AAAI conference on artificial intelligence. Phoenix: AAAI Press, 2016.

[57] QU M, QIU G, HE X, et al. Probabilistic question recommendation for question answering communities[C]// International conference on world wide web. Madrid: ACM, 2009.

[58] RADLINSKI F, DUMAIS S. Improving personalized web search using result diversification[C]// International ACM SIGIR conference on research and development in information retrieval. Seattle: ACM, 2006.

[59] SANDERSON M. Test Collection Based Evaluation of information retrieval systems[J]. Foundations and trends in information retrieval, 2010, 4 (4): 247-375.

[60] SANTOS R L T, Macdonald C, Ounis I. Exploiting query reformulations for web search result diversification[C]// International conference on world wide web. Raleigh: ACM, 2010.

[61] SANTOS R L T, PENG J, MACDONALD C, et al. Explicit search result diversification through sub-queries[C]// European conference on advances in information retrieval. Milton Keynes: Springer-Verlag, 2010.

[62] SANTOS R L T, MACDONALD C, OUNIS I. Intent-aware search result diversification [C]// International ACM SIGIR conference on research and development in information retrieval. Beijing: ACM, 2011.

[63] WANG K, MING Z, CHUA T S. A syntactic tree matching approach to finding similar questions in community-based qa services[C]// International ACM SIGIR conference on research and development in information retrieval. Boston: ACM, 2009.

[64] WU H, WANG Y, CHENG X. Incremental probabilistic latent semantic analysis for automatic question recommendation[C]// ACM conference on recommender systems. Lousanne: ACM, 2008.

[65] WU H, WU W, ZHOU M, et al. Improving search relevance for short queries in community question answering[C]// ACM international conference on web search and data

mining. New York: ACM, 2014.

[66] WU Y, WU W, LI Z, et al. Mining query subtopics from questions in community question answering[C]//The twenty-ninth AAAI conference on artificial intelligence. Austin: AAAI Press, 2015.

[67] WU Y, WU W, ZHANG X, et al. Improving recommendation of tail tags for questions in community question answering[C]// Thirtieth AAAI conference on artificial intelligence. Phoenix: AAAI Press, 2016.

[68] YANG J M, JING F, JING F, et al. Search-based query suggestion[C]// ACM conference on information and knowledge management. New York: ACM, 2008.

[69] YIN D, XUE Z, QI X, et al. Diversifying search results with popular subtopics[C]// Eighteenth text retrieval conference, Trec 2009. Gaithersburg, Maryland: DBLP, 2009.

[70] ZHAO S, WANG H, LI C, et al. Automatically generating questions from queries for community-based question answering[C]//Proceedings of 5th international joint conference on natural language processing. Chiang Mai: Asian Federation of Natural Language Processing, 2011.

[71] ZHENG Z, CHANG E Y, ZHU X. K2Q: Generating natural language questions from keywords with user refinements[J]. Applied mathematics & computation, 2011, 216 (5): 1501-1512.

[72] ZHOU G, CAI L, ZHAO J, et al. Phrase-Based Translation Model for Question Retrieval in Community Question Answer Archives[C]// The, meeting of the association for computational linguistics: human language technologies, proceedings of the conference. Portland: ACL, 2011.

[73] ZHOU Q, YANG N, WEI F, et al. Neural question generation from text: a preliminary study[C]//National CCF conference on natural language processing and chinese computing. Dalian: Springer, 2017.

[74] ZHOU Z H. A brief introduction to weakly supervised learning[J]. National science review, 2018, 5 (1): 44-53.

后 记

这本书能够顺利写完并出版，实属我意料之外。

2018年7月，我终于结束了四年的博士学业，顺利从武汉大学信息管理学院毕业。带着一些失落和心灰意冷，告别了学术研究，投身于互联网行业。本以为此后余生将远离学术，而我的博士毕业论文也将静静地躺在武汉大学图书馆的某座陈旧书架上。

同年11月，意外地接到了博士生导师武汉大学陆伟教授的电话，谈及国家图书馆出版社要选取一批优秀博士论文进行出版，让我将博士论文发送给中山大学曹树金教授，参与国家图书馆出版社择优评审。抱着试一试的心态，我翻出了封存的博士论文稿件，整理过后转给了曹树金教授。

2019年4月，在经历了大半年的徘徊与挣扎过后，我发现自己还是更喜欢无拘无束探索科学问题的状态，于是来到华中师范大学工作。

同年9月份，突然接到了国家图书馆出版社高爽老师的来电，谈及我的毕业论文被选入《图书情报与档案管理博士文库》，希望我对博士论文稿件加以修改以便出版。

由于繁忙的工作状态和琐碎的家庭事务，我拖拖拉拉一年有余。期间幸得很多人的帮助，这本书才终于得以成稿出版，必须在此鸣谢。

感谢我在武汉大学的博士导师陆伟教授。之所以能够有本书的研究成果，离不开他四年来的学术指导，我从他那里所获良多。

感谢中山大学的曹树金教授。本书能够被推选到国家图书馆出版社择优出版，离不开他的大力推荐。

本书是我在华中师范大学信息管理学院从事博士后工作时修改完成的，我特别感谢博士后合作导师夏立新教授、学院领导李玉海教授，以及所有其他同事。正是在他们共同营造的温馨和谐的工作氛围下，我才能够顺利地写完本书。

这本书在编辑成稿的过程中，很幸运得到了国家图书馆出版社高爽老师的专业指导和帮助，没有高老师这本书不可能这么快面世。

最后，感谢我的家人。所有在高校工作的人都会明白，为了教书育人和科学研究我们都是披星戴月、废寝忘食，如果没有家人的支持，我也不可能在工作岗位上做出现有的贡献。

丁恒

2020年7月于武汉桂子山